라캉, 들뢰즈, 바디우와 함께하는   사건 도시

도시의 정신분석 3

라캉, 들뢰즈, 바디우와 함께하는
도시의 정신분석 3

사건 도시

지은이 / 장용순
펴낸이 / 강동권
펴낸곳 / ㈜이학사

1판 1쇄 발행 / 2024년 12월 31일

등록 / 1996년 2월 2일 (신고번호 제1996 - 000015호)
주소 / 서울시 종로구 율곡로13가길 19-5(연건동 304) 우 03081
전화 / 02 - 720 - 4572 · 팩스 / 02 - 720 - 4573
홈페이지 / ehaksa.kr
이메일 / ehaksa1996@gmail.com
인스타그램 / www.instagram.com/ehaksa_
페이스북 / facebook.com/ehaksa · 엑스 / x.com/ehaksa

ISBN 978-89-6147-468-9 04100
       978-89-6147-469-6 04100(세트)

이 도서는 2024년 문화체육관광부의 '중소출판사 도약부문 제작 지원' 사업의 지원을 받아
제작되었습니다.

라캉, 들뢰즈, 바디우와 함께하는
도시의 정신분석

사건
도시

City as Event

3

이학사

장용순 지음

일러두기

1. 라캉, 바디우, 들뢰즈의 기본 개념에 대한 소개는 장용순, 『라캉, 바디우, 들뢰즈의 세계관』(이학사, 2023. 이하 『세계관』)을 바탕으로 한다. 따라서 이 책은 『세계관』과 공유하는 부분이 상당히 많다.

2. 『세계관』은 라캉, 바디우, 들뢰즈의 개념을 도식을 이용하여 상세하고 친절하게 설명하므로 현대 프랑스 철학을 처음 접하는 독자는 『세계관』을 먼저 읽기를 권한다.

3. 본문의 인용문은 지은이가 일부 표현을 수정하기도 하였다. 인용문의 고딕체 강조는 별도 언급이 없는 경우 지은이가 한 것이다.

4. 부호의 쓰임은 다음과 같다.

『 』: 도서명

「 」: 논문, 장 제목

〈 〉: 영화, 회화, 강연, 세미나 제목, 도식, 표, 그림 제목

( ): 지은이의 부연 설명

차례

서론

변화는 어떻게 발생하는가? 새로움은 어떻게 생겨나는가? 하나의 체계가 다른 체계로 변화하는 것은 어떻게 가능한가? 하나의 구조structure는 다른 구조로 어떻게 변화하는가?

지난 세기에 인류는 실재계가 우리를 다시 찾아오는 공황, 세계대전, 기후변화, 전염병을 경험했고, 수학, 철학, 경제, 과학은 상징계의 질서를 뚫고 올라오는 혼돈과 변화에 대해서 끊임없이 탐구했다. 그리고 기존의 체계를 변하게 하는 증상과 사건은 재난이 될 수도 있지만 새로운 가능성이 될 수 있다는 사실을 발견했다. 지난 20세기는 하나의 구멍을 둘러싸고 전개되었다고 말할 수 있다. 그것은 상징계에 뚫린 실재계를 향해 열린 구멍, 다시 말해 혼돈을 향해 열린 질서 체계의 구멍이다. 프로이트와 라캉의 증상, 괴델의 불완전성정리, 바디우의 사건, 들뢰즈의 특이점, 복잡계과학의 혼돈 모두 이 구멍을 가리키고 있다.

변화와 새로움에 대한 질문에 답변하기 위해서 3권에서는 먼저 욕망에 대한 다양한 관점과 들뢰즈와 바디우가 대립하는 지점들에 대해 살펴본다. 들뢰즈와 바디우는 대립적인 입장에서 변화와 운동의 서로 다른 관점을 제시한다. 그들의 관점은 각각 서양철학사에서 이어져온 동역학적 흐름의 관점과 집합론적 공백의 관점을 대변하기도 한다. 두 철학자가 다루는 잠재성과 공백의 개념은 라캉의 실재 개념과 밀접하게 연관되어 있다. 이들의 철학은 동시대의 정신분석, 수학, 정치, 사회, 예술과 연관되어 있고, 도시와 건축의 문제로도 확장될 수 있다. 들뢰즈와 바디우의 이론은 서로 다르지만 변화와 새로움에 대한 하나의 그림을 그리고 있다. 나는 그것이 현대 복잡계과학 이론과 공명한다는 것을 설명할 것이다.

3권에서는 변화의 원동력이 되는 실재계에 대해서 집중적으로 다룬다. 실재가 분출하는 증상 개념을 설명하고, 경제에서의 증상이라고 볼 수 있는 공황에 대해서도 살펴본다. 증상 개념이 괴델의 불완전성정리, 아감벤의 호모 사케르, 크리스테바의 아브젝시옹 등 현대의 중요한 개념들과 연결되어 있음을 분석한다. 20세기는 카오스와 공백에 대한 탐사가 이루어진 시기였다. 증상 개념이 도시적으로 볼 때 푸코의 헤테로토피아 및 다른 현상과 어떻게 연관되어 있는지도 살펴본다.

나아가 과도한 흐름과 축적이 공존하는 현대도시가 어떻게 축적을 해소해야 할지를 바타유의 관점에서 살핀다. 정신, 사회, 도시는 우리의 원천인 혼돈의 에너지가 끓어오르려는 것을 억압하고 있다. 이러한 억압 때문에 정신, 문명, 도시에는 불만이 존재한다. 시스템에 무한의 에너지가 모습을 드러내는 것을 라캉은 '실재의 귀환'이라고 불렀다. 자본주의 다음은 어떤 사회가 올 것인가? 진짜 실재가 귀환하는 것은 어떤 것인가? 실재의 범람은 어떻게 지연시킬 수 있을까?

　3권에 주로 등장하는 인물은 들뢰즈, 바디우, 라캉, 맑스, 괴델, 푸코, 아감벤, 바타유다.

City as Event

1장   충만한 욕망, 결여된 욕망

스피노자-쇼펜하우어-니체, 데카르트-헤겔-라캉

변화, 새로움, 체계, 구조, 사건, 카오스

서론에서 본 것처럼 '변화는 어떻게 발생하는가? 새로움은 어떻게 생겨나는가?'라는 질문에 대해서 많은 철학자와 여러 분야의 이론가가 고민해왔다. 변화와 생성, 발생과 기원에 대한 관심은 19세기 이후의 사유에서 공통적으로 등장한다. 우리는 그 기준을 프랑스대혁명으로 생각해볼 수 있다. 18세기 말에 전 유럽이 겪게 된 엄청난 정치적, 사회적 변혁을 보면서 당시의 많은 학자는 역사, 시간, 변화에 대해 고찰하지 않을 수 없었다. 푸코가 『말과 사물』에서 분석한 것처럼 대혁명 이전 18세기의 학문이 다양한 존재자를 백과사전식 분류와 나열을 통해 배치시키면서 만족감을 느낀 반면, 대혁명 이후 19세기의 학문은 진화론처럼 시간에 따른 발생을 통해 존재자들에게 질서를 부여하고 변화를 파악하면서 만족감을 느꼈다. 만족감을 느낀다는 것은 학문적으로 그 시대의 정신(푸코의 용어로는 에피스테메)에 부합하게 된다는 것을 뜻한다. 19세기의 헤겔, 다윈, 맑스는 모두 진화, 변화에 대해서 고민한 이론가들이었다. 이들은 모든 변화를 종합하여 하나의 이론으로 설명하려고 노력했다.

사회가 급변했던 20세기 후반에도 이런 변화에 대한 고민은 이어졌다. 19세기가 진화와 변화의 시대였다면, 20세기는 카오스, 실재, 무의식, 잠재성의 시대였다. 20세기는 진화의 원인을 질서가 아닌 무질서에서 찾았다. 저 아래의 깊은 곳, 보이지 않는 곳, 카오스가 꿈틀거리는 곳에서 세계의 근원을 찾은 것이다. 다윈의 진화론이 변화의 원인을 눈에 보이는 환경에서 모색했다면, 프로이트의 정신분석은 변화의 원인을 눈에 보이지 않는 무의식에서 발견했다. 프로이트 이후로 변화와 발생의 원인을 눈에 보이지 않는 하부구조에서 찾고자 하는 학문적 분위기가 형성되었다. 무의식, 잠재성, 실재가 이런 것이다. 한편 바타유는 쓸모없는 것들에서 인류 문명의 기원을 보았다. 20세기 후반에 복잡계과학은 카오스 안에서 질서를 찾아냈다.

표 1. 질서와 그 저변: 18세기, 19세기, 20세기

18세기	19세기	20세기
분류, 구분, 나열	기원, 발생, 진화, 변화	카오스, 무질서, 무의식, 잠재성
칸트, 린네	헤겔, 다윈, 맑스	라캉, 바디우, 들뢰즈
분류학	진화론	카오스이론

욕망의 계보학, 일원론, 스피노자-쇼펜하우어-니체

마음은 어떻게 움직이는가? 욕망은 어떻게 작동하는가? 이런 질문들은 운동이라는 것이 어떻게 가능한가라는 철학적인 문제와도 연관되어 있다.

욕망을 보는 관점은 크게 두 가지 계보로 나뉜다. 첫 번째는 스피노자-쇼펜하우어-니체-들뢰즈로 이어지는 일원론의 계보이다. 스피노자의 코나투스conatus는 자기를 보존하려는 충동적인 힘을 말한다. 스피노자는 이것을 모든 존재의 본질로 보았다. 대표적인 일원론자인 스피노자는 코나투스로부터 인간의 행동과 욕망을 설명하고자 했다. 이 코나투스 개념은 쇼펜하우어의 힘의 의지로 이어진다. 쇼펜하우어는 객관적 이성보다는 욕망하는 의지를 근원적인 것으로 보았다. 쇼펜하우어의 힘의 의지는 보편적 도덕법칙인 실천이성을 따르고자 하는 칸트의 의지와는 반대로 어떤 궁극적 목적도 없이 끊임없이 분투하는 맹목적인 의지다.[1] 이 개념은 니체의 권력의지로 계승된다. 권력의지는 투쟁하고 정복하고 창조하려는 의지로, 다원적이고 이질적이며 자발적인 생명의 약동이다.[2]

이원론, 데카르트-헤겔-라캉

두 번째는 데카르트-헤겔-라캉으로 이어지는 이원론의 계보이다. 데카르트는 정념을 이성과 대립되는 것으로 보았다. 그는 정념을 이성이 결여된 부분, 즉 정신이라는 기계장치의 나머지 부분으로 생각했다. 한편 헤겔은 인간이 사물을 정복하는 것보다 타인을 정복하는 것에서, 타인을 정복하는 것보다 타인에게 인정받는 것에서 큰 만족감을 얻는다고 보았다.[3] 그리고 이것을 인정 욕망이라고 부르고, 인간의 근본적인 욕망으로 생각했다. 헤겔은 결여된 부분을 메우는 것이 근본적인 욕망이라고 보았다. 라캉 역시 결여가 인간 욕망의 근본적인 측면을 차지한다고 여겼다. 이성과의 대립 관계, 타자와의 대립 관계가 욕망의 근본적인 원인이라고 본 것이다.

일원론에서 욕망은 긍정적인 흐름 자체이고, 이원론에서 욕망은 결여를 메우는 부정성의 대상이다. 이런 근본적인 대립은 들뢰즈와 라캉 사이에도 나타난다. 들뢰즈는 욕망을 충만한 것으로, 라캉은 욕망을 결여된 것으로 파악하는 것이다. 이는 운동의 원인을 내부에서 찾느냐, 아니면 외부에서 찾느냐와도 연결된다. 그리고 운동이 매질을 반드시 필요로 하는지, 아니면 진공에서도 가능한지에 대한 질문과도 연결된다.

운동의 원인, 욕망의 원인, 에테르

그런데 정확하게 무엇이 욕망을 움직이게 하는가? 욕망의 동인은 무엇인가? 욕망은 어떻게 움직이는가? 욕망은 그 자체로 움직임의 원인인가? 아니면 욕망은 비어 있는 곳을 채우고자 하는 수동적인 것인가? 이 질문은 그리스시대의 운동에 대한 질문과 연결된다. 그리스 사람들은 화살이 과녁까지 날아가는 것이 어떻게 가능한지에 대해서 질문했다. 비어 있는 허공을 날아가는 것인지, 아니면 꽉 채워진 매질 사이를 이동해가는 것인지 의문을 품었다. 이 질문은 완전한 진공을 발견하는 19세기까지 지속되었다. 그 전에 과학자들은 우주를 채우고 있는 매질로 에테르라는 물질을 가정하고 설명하려고 했다. 에테르에 공백이 생기면서 그 사이를 물체가 이동한다는 것이다. 그러나 결국 상대성이론에 의해서 에테르는 존재하지 않는다는 것이 밝혀졌고, 물체는 진공을 이동하는 것으로 판명났다.

욕망은 충만한 것인가, 결여된 것인가라는 질문이 이와 비슷한 질문이다. 욕망이 충만한 것이라는 주장에 따르면 욕망 이전에 이미 꿈틀거리는 힘의 흐름이 있고, 욕망은 그 힘의 일부이기 때문에 결여를 생각할 필요가 없다. 한편 욕망이 결여된 것이라는 주장은 욕망은 결여되어 있는 공백을 채우기 위해서 발생하는 것이라고 본다. 이 두 가지 관점은 운동, 욕망에 대한 흐름의 모델과 결여의 모델의 대립이다.

흐름 vs 결여, 스피노자 vs 데카르트, 니체 vs 헤겔

흐름의 동역학적 모델과 결여의 위상학적 모델의 대립은 철학사 전반에서 나타난다. 스피노자가 말하는 욕망은 공백 없는 흐름이다. 스피노자의 실체는 하나이고, 실체는 무한한 속성을 갖는데, 인간이 파악할 수 있는 속성은 사유와 연장 두 가지이다. 실체의 두 가지 속성인 사유와 연장은 양태를 통해서 다양한 형태로 우리 앞에 나타난다. 실체와 양태는 불가분의 관계에 있는데, 모든 존재자 안에는 양태로서의 실체가 내재하게 된다. 따라서 결여라는 것이 없고,

욕망도 역시 결여가 없는 실체의 흐름으로 존재한다. 반면에 데카르트에게는 연장과 사유가 두 개의 실체로 분리되어 있고, 생명은 기계로서 설명되기 때문에 그는 움직임을 내재적인 것이 아니라 외부에서 주어지는 것으로, 영혼의 운동을 결여된 것을 채우는 것으로 설명한다.

스피노자의 욕망 이론은 니체에게 계승된다. 니체에게 의지란 부정성 없이 끊임없이 흐르는 움직임이다. 반면에 헤겔은 부정되는 것을 통해서만 개체의 본성이 드러난다고 본다. 부정성과의 갈등 관계 속에서 새로운 움직임이 만들어진다는 것이다. 부정성은 그 자신이 아닌 것, 즉 자신 안에서 설명될 수 없는 것으로서의 공백을 의미한다.

베르그손은 운동을 일원론적인 흐름으로 본 반면, 하이데거는 존재와 존재자 사이의 차이에서 운동이 발생하는 것으로 보았다. 흐름의 관점은 들뢰즈와 과타리에게, 결여의 관점은 라캉에게 계승된다.

표 2. 흐름의 이론 vs 결여의 이론

흐름	공백, 결여
스피노자	데카르트
니체	헤겔
과타리	라캉
베르그손	하이데거
들뢰즈	바디우
일원론	이원론

충만한 욕망 vs 결여된 욕망, 프로이트의 계승, 들뢰즈 vs 라캉

들뢰즈와 라캉 모두 공통적으로 프로이트로부터 큰 영향을 받았다. 프로이트는 성적 에너지인 리비도가 욕망을 만든다고 생각했다. 리비도는 라틴어로 libido, 즉 '나는 욕망한다'라는 뜻이다. 2권에서 살펴보았듯이 프로이트는 1900년『꿈의 해석』에서 1단계 정신 모형인 전의식-무의식-의식을, 1923년「자아와 이드」에서 2단계 정신 모형인 초자아-자아-이드를 제시했다. 이 모형들에서 프로이트는 리비도를 지형학적 토대 위에 흐르는 에너지로 설명한다. 에너지의 흐름과 억압이라는 동역학적 관점을 취하기 때문에 결여라는 개념은 등장하지 않는다. 라캉은 프로이트를 계승하면서도 프로이트의 동역학적 관점을 자신만의 위상학적이고 구조주의적인 관점으로 재해석한다. 쉽게 말하면 프로이트는 정신 현상을 에너지의 흐름으로 본반면, 라캉은 위치와 자리로 본 것이다. 따라서 프로이트는 욕망을 충동[4]이 만들어내는 리비도에 의해서 발생하는 것으로 보고, 라캉은 욕망을 비어 있는 자리를 채우기 위해서 발생하는 것으로 본다.

들뢰즈는『안티 오이디푸스』에서 프로이트의 오이디푸스콤플렉스와 라캉의 결여된 욕망이라는 개념을 강력하게 비판하고 거부한다. 프로이트에 대한 비판에도 불구하고 들뢰즈와 과타리의 욕망 이론은 프로이트의 에너지의 흐름을 계승하고 있다.[5] 들뢰즈와 과타리는 욕망 기계가 흐름hyle의 절단coupure과 채취prélèvement라고 설명한다.

표 3. 들뢰즈 vs 라캉

들뢰즈	라캉
흐름	자리
동역학	위상학
충만한 욕망	결여된 욕망

들뢰즈, 과타리, 고아로서의 욕망, 욕망의 생산, 사회적 무의식

들뢰즈와 과타리는 우리가 자본주의의 사적 재산 체제에서 벗어나야 하듯이 정신분석의 사적 무의식이란 개념에서 벗어나야 한다고 주장한다. 정신분석이 설정한 결여로부터 출발하는 욕망의 개념도 자본주의가 설정한 가치체계처럼 허상에 불과하다는 것이다. 들뢰즈와 과타리는 사실 욕망은 결여가 없는 충만한 것이고, 무의식은 사적인 것이 아니라 사회적인 것이라고 주장한다. 들뢰즈는 정신분석에서 욕망의 기원으로 설정하는 대타자(아버지, 신, 사회체제)는 욕망의 기원이 아니며, 욕망은 아버지 없는 고아로 스스로 존재한다고 말한다. 이런 입장은 라캉의 욕망이 결여된 것이고 들뢰즈의 욕망이 충만한 것이라서 일견 대조되어 보이지만, 사실상 욕망의 다른 속성을 다른 관점에서 바라본 것이다. 이것은 다음 장에서 도식으로 설명하겠지만 마치 같은 그림을 다른 각도에서 본 것과 비슷하다.

들뢰즈/바디우, 존재의 함성, 대립 구도

욕망이 충만한 것인지 결여된 것인지를 둘러싼 대립은 들뢰즈의 철학과 바디우의 철학으로 이어진다. 들뢰즈와 바디우는 대립되는 철학적 관점으로 유명하다. 편지를 통해 토론하다가 격렬한 의견 차이로 인해 토론은 결국 결렬되었고, 들뢰즈 사후에 이 토론의 내용은 바디우에 의해『들뢰즈: 존재의 함성』이란 책으로 출간되었다.[6]

들뢰즈와 바디우는 모두 존재의 문제를 철학의 중요한 측면으로 다루고 있지만, 그들은 여러 면에서 첨예하게 대립한다. 들뢰즈는 영원한 진리를 믿지 않는 니체주의자인 반면, 바디우는 진리의 존재를 인정하는 플라톤주의자이다. 들뢰즈는 정신분석의 영향을 받았지만 라캉 정신분석에 대해 반대했고, 바디우는 라캉 정신분석의 영향을 많이 받아 사건 이론을 구성했다. 들뢰즈는 존재의 일의성을 주장하는 반면, 바디우는 존재의 다의성을 강조한다. 들뢰즈에게 일의성은 내재성과 같은 의미를 갖는다. 들뢰즈는 존재자와 존재가 서로 내재적인 관계를 갖는다고 보는 스피노자주의자이다. 들뢰즈는 잠재성과 현실성 사이에서 존재론을 전개하는 반면, 바디우는 잠재성을 배제하고 현실성의 존재론을 구성한다.

들뢰즈/바디우, 진리, 시간

들뢰즈는 진리라는 범주에 관심이 없다고 말한다. 들뢰즈 철학에서는 진리가 부정되고 니체가 말한 '거짓의 역능'이 그 자리를 대신한다. 진리의 과정은 판단이 아니라 이야기narration가 된다.[7] 들뢰즈가 말하는 결정 불가능성indécidabilité은 니체적으로 구성된 비-진리의 성격인데, 바디우가 볼 때 결정 불가능성은 플라톤 때부터 진리의 절차 안에 포함되어 있었다.[8] 들뢰즈에게 최우선적인 것은 시간이며 시간을 위해서 진리의 범주를 제거하지만, 바디우는 진리를 위해서 시간의 범주를 제거한다.[9] 바디우에게 진리는 현실적인 다수성이며, 진리들의 현실성은 시간을 넘어서trans-temporel 있다.

들뢰즈/바디우, 우연, 주름, 주체

우연의 개념에 대해서도 들뢰즈와 바디우는 견해가 다르다. 들뢰즈에게 우연은 일자의 내재적인 모든 결과 안에서 일어나는 일자의 우연성인 반면, 바디우에게 우연은 각각의 사건의 우연성을 뜻한다. 들뢰즈에게는 하나의 거대한 주사위 던지기가 있고, 전체로서의 우연의 주름들의 놀이가 존재한다. 반면 바디우는 거대한 주사위 던지기의 일의성을 배제하고, 우연들의 다수성을 인정한다.[10] 바디우에게 존재의 공백이 상황의 표면에 도래하는 일은 오직 우연한 각각의 사건을 통해서만 가능하다. 들뢰즈는 단 한 번 안에서 우연을 긍정하는 니체적 영원회귀를 믿는 반면, 바디우는 그것을 믿지 않는다.[11] 들뢰즈의 철학은 여러 다른 이름으로 불리는 일자의 철학인 반면, 바디우의 철학은 다자의 철학이라는 것이 바디우가 『들뢰즈: 존재의 함성』에서 주장하는 핵심이다. 들뢰즈는 전통적인 코기토cogito로서의 주체 개념을 부정한다. 들뢰즈에게 주체가 존재한다면 푸코의 맥락을 따라서 주름으로 존재할 뿐이다. 바디우는 주체 개념을 주장하지만, 바디우의 주체는 처음부터 존재하는 것이 아니라 사건이라는 공백을 진리로 만들기 위해서 꾸준히 충실성fidelité을 갖고 노력할 때 비로소 만들어지는 주체이다.[12]

표 4. 들뢰즈 vs 바디우

들뢰즈	바디우
니체주의자	플라톤주의자
힘, 강도	공백
흐름	자리
일의성	다수성
일자	다자
잠재성	현실성
정신분석에 반대	정신분석을 계승
전체로 사유되는 존재	전체로 사유되지 않는 존재
진리를 부정	사건에 대한 충실성의 결과로서의 진리
주름으로서의 주체	충실성으로서의 주체
시간을 위해 진리를 제거	진리를 위해 시간을 제거
미적분	집합론
스피노자, 베르그손	하이데거, 헤겔

들뢰즈/바디우, 흐름/공백, 미적분/집합론

들뢰즈는 세계의 근원적인 상태를 힘과 강도의 역동적인 흐름으로 본다. 따라서 운동은 이런 흐름으로부터 비롯되는 것이고, 질서는 이런 흐름을 절단해서 채취한 것이다. 들뢰즈는 강도와 잠재성에서 현실성으로 발생하는 논리를 미적분을 사용해서 설명한다. 반면 바디우는 세계의 근원적인 상태를 공백으로 본다. 공백의 조합에 의해서 개체가 만들어지고, 운동은 상황과 공백 사이에서 발생한다고 본다. 바디우는 이것을 집합론의 공리[13]로 정교하게 설명한다.

들뢰즈에게 세계와 인간은 차이와 강도로 구성된 흐름이다. 리비도의 흐름이 절단되면서 욕망이 발생하고, 리비도의 흐름이 대상에 투사되고 고착된다는 프로이트의 설명과 유사하다. 반면 바디우에게 세계와 인간은 공백이다. 그 공백을 채우고자 하는 것이 인간의 삶이다. 라캉에게 이 공백은 상상계에서는 이미지로 채워지고, 상징계에서는 규율로 채워진다. 바디우에게 이 공백은 충실성으로 채워진다. 하지만 이 공백은 완전하게 채워지지 않으며, 공백이 완전히 채워지는 것은 시스템의 정지, 곧 죽음을 의미한다.

세계와 운동에 대한 이런 대립적인 견해는 들뢰즈가 스피노자-니체-프로이트-베르그손을 계승하고 있고, 바디우가 플라톤-헤겔-라캉-하이데거를 계승하고 있는 점에서 유래한다. 사유의 모델로서 들뢰즈는 라이프니츠[14]와 뉴턴의 미적분학에 기초하고 있고, 바디우는 체르멜로-프랭켈, 칸토어와 코엔의 집합론에 근거하고 있다. 미적분은 그 기원이 '유율流率', 즉 흐르는 것의 비율을 측정하는 데에 있듯이 흐름의

수학이고, 집합론은 포함과 무한을 측정하는 자리의 수학이라는 점
에서 들뢰즈의 철학이 동적인 성격을 띠고 바디우의 철학이 정적인
성격을 띠는 것은 당연해 보인다. 하지만 두 철학 모두 운동과 변화
에 대해서 각자의 방식으로 설명하고 있다.

들뢰즈와 바디우, 아래로부터의 혁명

1968년 이후에 철학자들은 구조가 어떻게 다른 구조로 변화
할 수 있는가에 대한 고민을 지속하게 된다. 프랑스 현대철학자들은
이에 대해 각자의 이론을 내놓았는데, 들뢰즈와 바디우는 이들 중
대표적인 철학자들이다. 들뢰즈와 바디우는 공통적으로 사건에 대
한 이론을 내놓았다. 이들의 사건 철학은 변화와 새로움의 출현에
대한 해석을 제공한다. 들뢰즈와 바디우는 아래로부터의bottom up
혁명을 설명하고자 했던 사건의 철학자들이다. 이들은 카오스, 소수
자, 꿈틀거림에 대해 관심을 가졌다. 질서보다는 질서 밑에 깔려 있
는 무질서에, 안정보다는 재난이 일어나는 이유에 관심을 가졌다.
새로움의 발생에 대해서도 들뢰즈와 바디우는 각자의 견해를
제시하고 있다. 그들의 견해는 대립하고 있는 것처럼 보이지만, 잘
살펴보면 같은 사태를 들뢰즈는 단면의 관점에서, 바디우는 평면의
관점에서 묘사하고 있다는 것을 알 수 있다. 이 내용을 다음 장에서
자세히 살펴보자.

2장   들뢰즈의 발생과 바디우의 사건

변화와 질서는 어떻게 만들어지는가?

빙산의 일각, 의식, 무의식

의식과 무의식의 관계는 바다에 떠 있는 빙산에 자주 비유된다. 수면 위의 빙산은 작아 보이지만 실제로 보면 물밑에서 엄청나게 큰 빙산이 떠받치고 있다. 수면 위의 빙산은 의식이고, 수면 아래 빙산은 무의식과 같다. 의식은 정신의 대부분인 것처럼 보이지만 사실 빙산의 일각일 뿐이다. 무의식은 보이지는 않지만 의식을 떠받치고 있다. 의식과 무의식의 경계를 나누는 수면의 높이는 고정된 것이 아니기 때문에 수면의 높이가 바뀌면 의식과 무의식의 경계도 바뀐다. 술이나 마약, 꿈은 수면의 높이를 변화시켜서 무의식에 속해 있던 것을 현실에 드러나게 한다. 의식은 통제 없는 흐름의 상태인 무의식이 통제를 받으면서 형성된 것이기 때문에 의식은 무의식으로부터 나온다고 말할 수 있다.

의미, 무의미, 표면

들뢰즈는 『의미의 논리』에서 의미는 무의미로부터 나온다고 말한다. 이 말은 의식과 무의식의 관계를 생각할 때 이해될 수 있다. 즉 우리가 의미라고 말하는 빙산의 일각은 무의미라는 거대한 빙산의 일부분일 뿐이라는 것이다. 무의미나 무의식의 상태에서 선과 악, 고통과 쾌락, 자아와 타자의 구별은 이루어지지 않는다. 이는 꿈속에서 나와 남, 선과 악이 뒤바뀌는 경험을 하는 것과 같다. 이런 구별은 무의미나 무의식이 수면 위로 올라와서 의미나 의식의 상태가 되면서 생겨난다. 들뢰즈는 의미와 무의미를 나누는 수면을 표면이라고 부른다. 그리고 이 표면을 역설적 요소, 대상 x, 험프티 덤프티라는 이름으로 칭한다. 폴 발레리는 "가장 심오한 것은 피부다"[15]라고 말했다. 이 말은 생명체의 본질이 뇌, 심장, 허파 같은 장기에 있기보다는 외부와 내부를 구별하는 피부에 있다는 것을 뜻한다. 진화론적으로 보면 유기체는 세포막을 구성하는 데에서 출발한다.

들뢰즈는 무의미에서 의미로 진행되는 경계나 과정에 관심을 가졌으며, 이 과정을 정적 발생과 동적 발생으로 설명하고자 했다.

들뢰즈-잠재성, 동적 발생, 정적 발생

들뢰즈는 차이 그 자체를 세상의 기저에 둔다. 차이 그 자체는 힘과 강도만이 존재하는 상태이다. 차이 그 자체는 마그마처럼 흐름

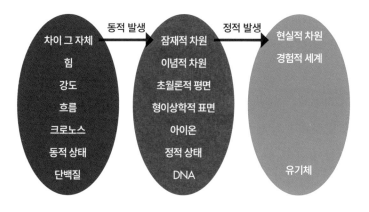

도식 1. 들뢰즈의 발생 이론

자체가 끓어오르는 상태이다. 차이 그 자체가 굳어지면 구조가 형성되는 잠재적 차원이 되고, 잠재적 차원이 굳어지면 존재자들이 형성되고 현실적 차원이 구성된다. 들뢰즈는 이런 발생의 과정을 더 정교하게 세분화해서 설명한다. 힘과 강도의 상태에서 잠재적 차원이 발생하는 것을 동적 발생이라고 부르고, 잠재적 차원에서 양, 질이 차례로 발생하면서 현실적 차원이 형성되는 것을 정적 발생이라고 부른다.

생명체에 비유하자면 차이 그 자체는 질료의 상태, 단백질의 상태이다. 동적 발생을 통해서 발생한 잠재적 차원은 DNA의 상태이고, 정적 발생을 통해서 발생한 현실적 차원은 유기체의 상태이다(〈도식 1〉 참조). 세계를 수정란이 유기체로 발생하는 것처럼 설명하기 때문에 들뢰즈는 "세계는 알이다Le monde est un oeuf"[16]라고 말한다.

들뢰즈에게 잠재적 차원은 초월론적transcendantal 평면, 형이
상학적 표면과 동의어이다. 그래서 다른 말로 하면 동적 발생은 무의
미한 세계인 강도와 질료의 세계에서 초월론적 평면이 발생하는 과정이
고, 정적 발생은 초월론적 평면에서 경험적 세계가 성립하는 과정이다.[17]
동적 발생과 정적 발생을 설명하는 것은 세 가지 종합(연결적connec-
tive 종합, 통접적conjunctive 종합, 이접적disjuctive 종합)이다. 그중 이접적
종합은 배타적인 것 사이의 종합인데, 이질적 계열들이 어떻게 잠
재적 차원을 만드는지를 설명한다. 로고스가 수직과 수평에 해당된
다면, 노모스나 내재성은 대각선에 해당되며 이접적 종합과 연결된
다. 미분은 강도적 차원에서 잠재적 차원으로 진행되는 점진적 규
정progressive determination을 설명한다.

들뢰즈의 차이-잠재성-현실성의 차원을 김상환은 달걀의 흰
자-노른자-병아리로 비유적으로 설명하고, 『의미의 논리』에 등장
하는 다양한 개념(깊이-표면-높이, 소음-문법-일상언어, 자연철학자-스
토아학파-플라톤, 브라만-선불교-붓다)과 연관 짓는다. 들뢰즈의 발생
이론을 두 차원으로 단순화시킬 때는 잠재적 차원과 현실적 차원으
로 구분 지을 수 있는데, 이 경우에는 잠재적 차원이 차이 그 자체,
강도, 잠재성을 모두 포함한다.[18]

들뢰즈-발생, 바디우-공집합

들뢰즈는 초기 저작에서부터 후기까지 발생의 개념으로 세계
를 설명하고 있다. 『차이와 반복』의 수동적 종합, 개체화, 드라마화,

분화, 발생, 『의미의 논리』의 동적 발생, 정적 발생, 그리고 『안티 오이디푸스』와 『천 개의 고원』의 원시사회-전제군주제-원국가-자본주의의 진행 과정이 그것이다. 들뢰즈는 이런 발생을 설명하기 위해서 미분, 적분, 영토화-탈영토화-재영토화, 코드화-초코드화-탈코드화의 운동을 도입하고 있다.[19] 이런 운동은 힘과 강도의 흐름이 묶이고, 다시 풀리고, 또다시 묶이는 것을 표현한다.

발생의 상태를 구별하기 위해서 들뢰즈는 리좀/나무, 전쟁기계/국가장치, 유연한 선/경직된 선, 분열증/편집증 등의 대조 쌍들을 사용한다. 이 대조 쌍들의 두 양상은 선과 악을 표현하는 것도, 이분법적으로 나뉘는 것도 아니다. 하나의 상태에 두 양상이 반드시 섞여 있고, 섞여 있는 비율과 방식에 따라 상태는 명확하게 규정된다. 예를 들어 자본주의는 편집증과 분열증, 리좀과 나무, 유연한 선과 경직된 선이 결합되어 있는 상태이다. 하나의 상태에서 다른 상태로 넘어갈 때는 상전이처럼 구조적인 변화를 겪는데, 그때 중요한 역할을 하는 것이 특이점point singulier이다.

앞서 말했듯이 들뢰즈가 세상의 기저에 차이를 둔다면, 바디우는 세상의 기저에 공집합을 둔다. 공집합의 조합에 의해서 존재자인 집합들이 만들어지고, 집합들의 부분집합들이 상황의 상태를 만들어나간다는 것이다. 그렇다면 들뢰즈와 바디우에게 운동이나 변화는 어떻게 만들어질까?

들뢰즈-특이점, 바디우-공백

들뢰즈는 흐름이 운동을 만든다고 본다. 들뢰즈 철학에서 차이는 그 자체로 힘과 강도의 운동성을 갖는다. 그래서 변화를 설명하기에 용이하다. 들뢰즈의 발생 이론은 에너지의 흐름으로부터 시작하여 점진적 발생을 설명하는 점에서 프로이트와 유사한 측면이 있다. 프로이트가 구순기, 항문기, 남근기, 성기기를 거쳐서 리비도가 어느 곳에 집중되는지에 따라 발생 과정을 설명하는 것처럼 들뢰즈는 흐름이 어떤 방식으로 영토화되고 탈영토화되는지에 따라 원시사회, 전제군주사회, 자본주의사회의 발생 과정을 구분한다.

반면 바디우는 공백으로서의 사건이 운동을 만든다고 본다.[20] 사건은 기존의 상황에서 설명되지 않는 어떤 것이면서 변화의 원인이 된다. 사회적으로 설명이 안 되는 사건, 기존 체제에서 설명할 수 없는 천재의 작품, 전혀 예상하지 못한 운명적 연인과의 만남이 그런 예이다. 사건은 태풍의 눈에도 빗댈 수 있는데, 그 자신은 설명되지 않으면서 운동의 중심이 된다는 점에서 태풍의 눈과 유사하다. 바디우의 공백은 단순히 비어 있는 것이 아니라 무한한 에너지의 상태이다. 〈도식 2〉에서 빨간색 부분은 상징계의 지식 체계로는 보이지 않는 것이다. 따라서 사건이 등장한다고 해도 보이지 않는다.

들뢰즈 철학에서는 이 사건과 유사한 개념으로 특이점을 들 수 있다. 들뢰즈의 특이점은 프랑스 수학자 푸앵카레에게서 차용한 개념으로, 기존의 언어나 체계로는 설명되지 않는, 즉 상징화되지 않는 지점을 말한다. 이 지점은 아무리 접근하려고 해도 접근할 수

증상 = 사건 = 특이점

현실태   상징계

잠재태   실재계

도식 2. 잠재태, 현실태, 실재계, 상징계, 사건, 특이점[21]

없는 지점이다.[22] 미분 계산으로는 미분을 할 수 없거나 미분 값이 급변하는 지점을 말한다. 이것은 수정체에서의 맹점[23]과도 비교되며, 라캉의 대상 a, 증상이나 바디우의 공백 개념과도 서로 통하는 부분이 있다. 이를 도식(〈도식 2〉 참조)으로 설명하면 특이점은 잠재태의 상태에 존재하다가 현실화되면서 변형된 모습으로 나타난다.[24] 실재계가 상징계를 뚫어버린 지점이 사건이다. 물론 증상, 특이점, 사건을 자세히 살펴보면 각각 서로 다른 개념이고 차이가 있지만, 단순화한 구조로 볼 때 유사한 특성이 있음을 말하는 것이다.[25]

공집합, 상황, 상황의 상태, 진리, 유적 집합

바디우에게 공집합이란 하나로 셈해지기 이전의 존재이다.[26] 비정합적 다자multiple inconsistant, 순수 다자라고도 부른다.[27] 상황은 하나로 셈해진 것이고, 상황을 다시 한번 부분집합으로 묶은 것을 상

도식 3. 공백의 가장자리, 사건의 자리

황의 상태état de la situation/state of the situation라 부른다. 상황의 상태
는 기존 사회의 질서, 지식 체계를 말한다.[28] 즉 모든 항목이 포함되
어 있는 백과사전 같은 체계이다. 공백으로서의 사건은 상황에서 설
명되지 않는 어떤 것이다. 기존의 지식 체계로 공백은 설명되지 않
는다. 그래서 바디우는 사건으로부터 출발해 주체에 의해 완성되는
진리가 백과사전의 체계에 구멍을 낸다고 말한다.

　〈도식 3〉에서처럼 사건은 공백의 가장자리에서 간접적으로
파악된다. 바디우는 공백의 가장자리를 사건의 자리라고 부른다. 사
건은 기존의 상황에서 설명될 수 없고 기존의 언어로는 재현될 수
없는 모순적인 집합이다. 사건은 주체들의 개입, 명명, 충실성, 조
사, 강제를 통해서 진리로 거듭난다. 예를 들면 예수의 부활, 프랑스
대혁명, 전기와 같은 과학혁명, 천재적 작품, 사랑에 빠지는 것을 들
수 있다. 모두 기존의 체계에서 설명할 수 없고, 기존 상황의 언어로

말할 수 없었던 일이다. 하지만 이름을 붙이고, 충실성을 발휘하고, 사건과 어떤 항이 일치하는지를 점검하고, 상황 속의 어떤 명제가 참이라는 것을 강요할 때 그것은 진리로서의 모습을 드러내기 시작한다. 진리는 유적 집합generic set의 성격을 갖는다. 집합론에서 유적 집합은 기존의 분류체계에 속하지 않는다. 사건은 공백에 가깝고, 진리는 유적 집합에 가깝다.[29] 사건에 충실한 주체들은 유적 확장이 완성된 모습, 즉 진리가 완성된 상태를 예상할 수 있는데, 이렇게 예상하고 추구하는 것을 강제forçage/forcing라고 한다.이러한 진리의 절차를 간략히 정리하면 〈표 5〉와 같다.

표 5. 바디우의 진리의 절차

공집합	하나로 셈해지기 이전의 존재, 비정합적 다자, 순수 다자
상황의 상태	하나로 셈해진 것, 기존의 지식 체계, 백과사전
공백	상황에서 설명되지 않는 것
사건	모순적인 집합, 나타났다 사라지는 것 예: 예수의 부활, 프랑스대혁명, 시대를 여는 예술 작품
공백의 가장자리	사건의 자리 상황에 아직 현시되지 않은 원소들의 자리
명명	사건에 이름을 붙이는 것
충실성	사건을 믿는 주체들의 움직임
조사	상황에 속하는 항들이 사건에 충실한지 검토하는 것
강제	상황들 사이의 한 명제가 참이라는 것을 예측하고 강요하는 것
진리	보편적인, 식별 불가능한 유적 집합

진리의 절차는 〈도식 4〉로도 나타낼 수 있다.

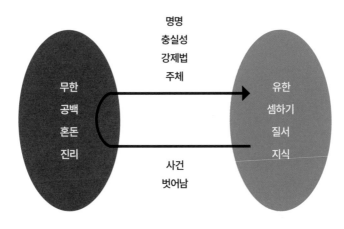

도식 4. 진리의 절차

정상성, 돌출, 특이성

바디우는 사건과 진리의 이론을 집합론을 사용해서 설명한다.[30] 하나의 개체가 원소로서 귀속되기도 하고, 집합으로서 포함되기도 할 때를 정상성normalité이라 말하는데, 이것은 자연의 상태를 가리킨다. 원소로 귀속되지는 않는데 집합으로 포함될 때는 돌출excroissance이라고 말하며, 이것은 기존의 체계를 초과excès하는 것이다. 원소로 귀속되기는 하는데 집합으로 포함되지는 않을 때는 특이성singularité이라고 말하고, 이것은 사건의 자리를 뜻한다. 여기서 원소로 귀속되는 것을 현시presentation, 집합에 포함되는 것을 재현representation이라고 부른다.[31] 현시는 존재가 직접적으로 나타나는 것으로 라캉의 주인 기표 S1과 일맥상통하고, 재현은 나타난 것이 다른 것을 통해서 다시 확인되는 것으로 라캉의 기표 S2와 비교될 수 있다. 피터 홀워드는 군대의 비유를 통해서 정상성은 일반 군인의 상황으로, 돌출은 군대라는 집합에 포함(재현)되지만 군대의 원소로 귀속(현시)되지는 않는 비밀 부대원의 상황으로, 특이성은 군대의 원소이기는 하지만 집합에는 포함(재현)되지 않는 탈영병의 상황으로 설명한다.[32] 또 다른 예를 들자면 특이성은 등록 코드가 있는데 도서관 밖에 있는 책, 돌출은 등록 코드가 없는데 도서관 안에 있는 책이라고 할 수 있다. 바디우에게 중요한 것은 사건과 진리가 발생하는 특이성과 돌출이다. 이것은 들뢰즈의 특이점, 도주선, 탈영토화와도 유사하다.

표 6. 바디우의 정상성, 돌출, 특이성

	원소, 귀속 ∈ 현시	부분집합, 포함 ⊂ 재현	성격	예
정상성	O	O	자연	일반 군인
돌출	X	O	초과, 변화의 조짐	비밀 부대원
특이성	O	X	사건의 자리	탈영병

바디우-사건 이론, 라캉-욕망 이론

바디우의 사건 이론은 상황 속의 공백이 운동과 변화를 만든다는 점에서 라캉과 유사하다. 라캉에 의하면 상징계 안에는 채울 수 없는 결여가 있고, 그 결여가 욕망을 만들고 운동을 만든다. 인간은 유아기에 근원적으로 어머니로부터 채울 수 없는 결여를 갖게 되는데, 이 빈자리는 환상과 결합하면서 대상 a를 형성한다. 대상 a는 결여를 채워줄 수 있을 것 같은 환상의 대상 원인이다. 하지만 결여는 결코 채워지지 않는 어떤 것이다. 결여를 채워줄 것 같은 대상 a를 쫓으면서 욕망과 운동이 만들어진다. 바디우는 이런 라캉의 욕망 이론을 사회적이고 철학적인 차원으로 확장시킨다. 바디우의 철학에서 라캉의 상징계는 상황의 상태로, 결여는 공백으로, 대상 a와 증상은 사건으로, 욕망은 충실성으로 해석된다.

표 7. 바디우의 라캉 해석

라캉	바디우
상징계	상황의 상태
결여	공백
대상 a, 증상	사건
욕망	충실성

4개 담화, 상징계의 조직 방식

바디우의 사건 이론은 라캉의 증상 이론과 매우 유사하다. 라캉의 4개 담화는 바디우의 사건과 진리 이론을 예견하고 있다. 라캉은 『세미나 17』에서 상징계가 대상 a를 산출하는 네 가지 방식을 제안한다.[33] 주인 담화, 대학 담화, 분석가 담화, 히스테리 담화가 그것이다.[34] 4개 담화는 S1, S2, a, $로 구성된다. S1은 주인을 뜻하는 주인 기표이고, S2는 지식, 노예, 상징계를 뜻한다. a는 대상 a, 잉여 주이상스를 뜻하고, $는 거세된 주체, 빗금 친 주체를 뜻한다. 네 가지 요소는 각 담화에서 반시계 방향으로 돌아가게 배치되어 있다. 그 위치가 뜻하는 것은 다음과 같다.

행위자   ⟶   대상자

───────────   ───────────

(행위자가 감추고 있는)   (대상자가 만든)

소유물   생산물

먼저 2권에서 말했듯이 주인 담화는 주인 S1이 노예 S2에게 대상 a를 산출하게 만든다. 잉여 주이상스 a는 노예 S2가 누릴 수 있는 것이고 주인 S1에게는 결여되어 있다. 이것은 자본주의사회에서 자본가와 노동자의 관계를 말한다. 자본가가 노동자에게 일을 시키고 노동자는 대상 a를 만든다. 여기서 대상 a는 잉여가치를 뜻한다. 자본가는 노동력이 결여되어 있고, 잉여가치를 생산할 수 있는 것은 노동자이다.

S1   ⟶   S2

───────────   ───────────

$ a

두 번째, 대학 담화는 주인 기표 S1을 가지고 있고 선생님으로 대표되는 지식의 노예, 지식 체계, 상징계인 S2가 대상 a인 학생들에게 분열된 주체 $가 되기를 강요하는 것이다. 즉 이것은 아직 상징

계의 규범과 질서의 체계에 의해 분절되지 않은 대상을 상징계 안으
로 편입시키는 과정으로, 기존 사회의 지식을 강요하는 대학이나 사
회의 모습을 뜻한다.

$$\frac{S2}{S1} \longrightarrow \frac{a}{\$}$$

세 번째, 분석가 담화는 정신분석의 지식 S2를 갖고 있지만 상
징계를 벗어나는 분석가 a가 상징계 안에 있는 분열된 주체인 내담
자 $에게 자신만의 새로운 지식 S1을 생산할 것을 요구하는 것이다.
이것은 라캉이 추구하는 분석가의 자세를 말한다. 기존의 지식 체계
와 상징계를 벗어나서 새로운 진리를 만들 것을 권유하는 특권적인 담론
이다. 분석가 담화의 4개 기호의 위치는 주인 담화의 기호의 위치와
모두 대립된다.

$$\frac{a}{S2} \longrightarrow \frac{\$}{S1}$$

네 번째, 히스테리 담화는 증상, 대상 *a*를 가진 분열된 주체인
내담자 $가 대타자이자 분석가인 S1에게 증상을 설명하는 지식 S2
를 요구하는 것이다. 즉 증상을 가진 내담자가 분석가에게 설명해달
라고 요구하는 것을 말한다. 히스테리 담화에서 분석가는 주인 기표
S1의 역할을 담당하지만, 사실 진정한 분석가는 분석가 담화에서처

럼 욕망의 모호한 대상인 a의 위치를 담당하는 것이 바람직한 태도
이다.

$$\frac{\$}{a} \longrightarrow \frac{S1}{S2}$$

이 4개 담화는 상징계 내에서 잉여 주이상스인 a가 어떤 방식
으로 작동하는지를 보여준다.

바디우의 진리의 절차

라캉의 4개 담화는 바디우의 진리의 절차와 유사한 측면이
있다. 4개 담화를 사회가 형성되고 분열되는 순서로 설명해보면, 첫
번째 주인 담화에서는 새로운 진리이자 주인 기표인 S1이 자리를 잡
는다. 두 번째 대학 담화에서는 주인 기표가 생산한 지식 체계인 S2
가 모호한 대상 a를 지식 체계 안에 포획해서 설명하고, 거세된 주
체 $\$$를 만든다. 이렇게 해서 안정된 사회질서와 지식 체계가 만들어
진다. 다음으로 히스테리 담화에서는 안정된 사회질서에 균열이 발생
한다. 상징계에서 거세된 주체는 자신의 분열을 기존의 주인 S1에게
봉합해줄 것을 요구하지만 그 봉합은 이루어지지 않는다. 마지막으
로 분석가 담화에서는 상징계로 포섭되지 않은 대상 a로서의 분석가
또는 혁명가가 거세된 주체에게 새로운 진리와 주인 기표 S1을 만들
어 새로운 체계를 만들 것을 권유한다. 그렇게 거세된 주체는 새로

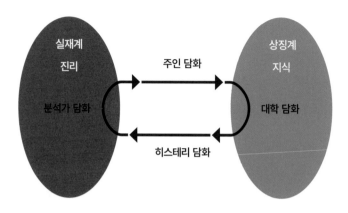

도식 5. 주인 담화, 대학 담화, 히스테리 담화, 분석가 담화

운 진리를 만들고, 그것이 다시 새로운 주인 담화가 되면서 새로운 상
징계의 시작을 알린다. 이것을 정리하면 〈도식 5〉와 같다.

이것은 바디우의 진리의 절차에서 상징계에 균열을 내는 사건이
발생하고(히스테리 담화), 혁명가가 새로운 사건의 발생을 독려하고
(분석가 담화), 새로운 진리가 새로운 지식 체계의 시작을 선언하고
(주인 담화), 사건에 충실한 주체들이 모호한 혁명가의 말들을 정식
화하면서(대학 담화) 그것들이 진리로 자리잡게 되는 것과 유사하다.

들뢰즈-힘과 강도, 바디우-자리와 위치

앞에서 말했듯이 변화와 운동을 들뢰즈는 힘과 강도로 설명하
는 반면 바디우는 자리와 위치로 설명한다. 이런 차이는 정신 현상

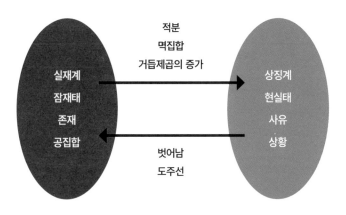

도식 6. 잠재태, 현실태, 적분, 멱집합

을 설명하는 프로이트와 라캉의 차이와 매우 유사하다. 프로이트에게는 정신 현상의 기저에 리비도가 있는데, 이에 해당하는 것이 들뢰즈의 부글거리는 잠재성이다. 라캉에게는 정신 현상의 기저에 실재가 있고, 바디우에게는 세상의 기저에 공집합이 있다. 수학적 의미에서 들뢰즈는 잠재적 차원에서 현실적 차원으로 발생하는 것을 적분으로 설명하는 반면, 바디우는 공집합에서 상황의 상태로 발생하는 것을 부분집합의 발생, 즉 멱집합으로 설명한다. 흥미로운 것은 적분과 멱집합 모두 거듭제곱puissance의 증가를 의미하는 점이다. 이것을 정리하면 〈도식 6〉과 같다.

표 8. 들뢰즈와 바디우의 비교

들뢰즈	바디우
프로이트	라캉
리비도	실재
잠재성	공집합
힘, 강도, 에너지	자리, 위치
적분	멱집합
현실적 차원	상황의 상태
특이점	공백

들뢰즈-특이점, 바디우-공백, 사건

지금까지 말한 것을 다시 한번 정리해보자. 고착화된 현실적 상태를 뚫고 올라오는 것이 들뢰즈의 특이점이고, 고착화된 상황의 상태에 균열을 내는 것이 바디우의 사건이며, 사건은 공백의 성격을 갖는다. 바디우는 이 공백의 주변을 공백의 가장자리라고 부른다. 이 자리는 사건이 일어날 가능성이 있는 사건의 자리로, 사건은 충실성을 통해서 진리로 거듭난다. 바디우의 공백의 가장자리는 들뢰즈에게는 영토와 탈영토화가 교차하고, 영토와 비영토, 내부와 외부가 구별되지 않는 지점이라고 말할 수 있다.[35] 들뢰즈의 특이점은 부글거리는 흐름 자체가 끓어오르는 지점이고, 바디우의 공백은 라캉적 실재가 모습을 드러내는 지점이라는 점에서 매우 유사하다. 라캉에게는 상징계를 벗어나는 실재의 귀환이 있다면, 바디우에게는 기존의 상황에서 벗어남soustraction이 있고, 들뢰즈에게는 현실적 차원을 벗어나는 도주선ligne de fuite이 있다.

표 9. 라캉-바디우-들뢰즈 개념의 비교

라캉	바디우	들뢰즈
실재	공집합	잠재성, 차이 그 자체
증상, 결여	공백	특이점
상징계	상황의 상태	현실적 차원
실재의 귀환	벗어남	도주선

    들뢰즈는『천 개의 고원』에서 동물되기, 여성되기, 아이되기
를 말하는데, 이 개념은 다수자인 인간, 남성, 성인은 소수자인 동물,
여성, 아이가 되어야 하고 그럴 때만 창조가 가능하다는 것이다. 들
뢰즈가 말하는 창조는 바디우의 사건, 복잡계의 창발과 유사한 개념
이다.

표 10. 들뢰즈와 바디우에서의 새로운 것의 창조

들뢰즈	특이점, 상징화되지 않는 지점 새로운 의미를 발산하게 하는 예술, 풍경
바디우	사건 시스템을 깨고 나오는 혁명, 천재의 작업 실재의 흐름이 껍질, 시스템을 깨고 분출하는 것

들뢰즈-단면, 바디우-평면, 초콜릿 반죽, 마그마

들뢰즈의 발생 이론과 바디우의 사건 이론은 대립되는 것처럼 보이지만, 두 이론은 모두 기저에 있는 부글거리는 잠재성과 실재가 어떤 방식으로 현실적 차원과 상황에 균열을 내고 나타나는지를 설명하고 있다. 1권과 2권에서 예로 든 초콜릿과 마그마를 이용해 이런 상황을 다시 한번 설명해보자. 먼저 초콜릿에 비유하면 처음에 초콜릿 반죽이 있고 반죽이 굳으면서 초콜릿의 껍질이 생기는데, 그 안의 뜨거운 초콜릿은 계속 부글거리면서 굳어진 껍질에 균열을 내며 모습을 드러낸다. 이어 마그마에 비유하면 부글거리는 마그마가 굳어져서 지각이 되는데, 아직 끓고 있는 마그마는 굳어진 지각에 균열을 내며 그 모습을 드러낸다. 여기서 초콜릿 반죽과 마그마는 잠재적 차원과 실재이고, 초콜릿의 껍질과 지각은 현실적 차원과 상황이다.

이 동일한 사태를 들뢰즈는 옆에서 바라보며 단면으로 설명하고 있고, 바디우는 위에서 바라보며 평면으로 설명하고 있다. 들뢰즈에게 끓어오르는 마그마가 지각으로 굳어지는 과정은 차이 그 자체-잠재적 차원-현실적 차원으로 이어지는 동적 발생과 정적 발생이고, 마그마가 지각을 뚫고 올라오는 것은 특이점이다. 〈도식 7〉, 〈도식 8〉, 〈도식 9〉에서처럼 바디우는 이 사태를 위에서 내려다보고 있기 때문에 그 설명이 들뢰즈보다 정적으로 보인다(〈도식 8〉에서는 설명의 편의를 위해 잠재태와 현실태를 떨어져 있는 다이어그램으로 그렸고, 그러다 보니 특이점이 하얗게 보이는데 특이점은 실제로는 잠재태에 속하는

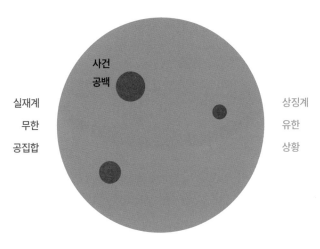

도식 7. 바디우의 평면적 관점

도식 8. 들뢰즈의 단면적 관점

증상 = 사건 = 특이점

현실태   상징계

잠재태   실재계

도식 9. 바디우와 들뢰즈의 통합된 입체적 관점

것이다). 지각에 구멍이 뚫리는 지점이 공백이고, 그 공백을 통해서
부글거리는 마그마와 같은 실재가 모습을 드러내는 것이 사건이다.
이렇게 볼 때 들뢰즈와 바디우는 같은 사태를 다른 관점에서 보고
설명한다고 말할 수 있다.[36]

　　라캉, 들뢰즈, 바디우가 이런 공통점을 가지는 것은 이들이
실재, 카오스, 발생, 새로움, 사건, 예외의 사고가 지배하는 20세기
후반의 패러다임(또는 에피스테메) 안에 속하기 때문이다. 꿈틀거리
는 카오스의 발견은 니체, 맑스, 프로이트로부터 시작되었고, 사건,
예외, 결여의 발견은 러셀, 괴델에 의해 이루어졌다. 들뢰즈와 바디
우는 이런 카오스와 결여의 에피스테메 안에 속한다. 그리고 일견
대립되는 듯이 보이는 들뢰즈와 바디우의 이론이 변화, 발생, 창발,
격변을 연구하는 복잡계과학 안에서 하나로 설명될 수 있음을 다음
장에서 발견할 수 있다.

3장   복잡계과학과 사건 이론

자기조직화, 창발, 특이점, 혼돈의 가장자리

네겐트로피, 콘웨이, 생명 게임, 자기조직화, 창발

열역학 제1법칙은 에너지보존법칙으로 에너지는 보존된다는 것을 뜻하고, 열역학 제2법칙은 엔트로피증가법칙으로 우주는 무질서도가 증가하는 방향으로만 비가역적으로 변화한다는 것을 뜻한다. '엔트로피entropy'는 더이상 유용한 일로 전환시킬 수 없는 잠재적 에너지양을 말한다. 엔트로피증가법칙은 1865년 독일의 물리학자 루돌프 클라우지우스가 처음 정식화했다. 하지만 엔트로피법칙은 생명에는 적용되지 않는다. 닐스 보어도 생명이 엔트로피의 강을 거슬러 올라가는 존재라는 사실에 주목하였다. 에르빈 슈뢰딩거는 생명현상을 설명하기 위해서 엔트로피 증가에 대항하는 '네겐트로피negentropy'라는 개념을 사용한다. '네겐트로피' 또는 '네트로피netropy'라는 용어는 Negative Entropy의 약자로 1943년 슈뢰딩거가 자신의 책 『생명이란 무엇인가?』에서 처음 사용했다. 슈뢰딩거는 생물이란 네겐트로피를 먹고사는 존재이며, 생명이란 엔트로피를 거슬러 올라가는 것으로 보았다.[37] 생명은 무질서에서 질서를 만들려고 노력하는데, 자기조직화가 대표적인 현상이다.

자기조직화는 비선형 시스템에서 패턴의 피드백에 의해서 발생한다. 일정한 알고리듬의 반복으로 새로운 패턴을 만들어내는 콘웨이의 '생명 게임'에서 그 예를 찾아볼 수 있다.[38] 생명 게임에서 단순한 원칙의 반복에 의해서 만들어지는 패턴들은 혼돈으로부터 질서를 만들어내는 자기조직화와 창발 현상이다. 이때 피드백 과정은 자기조직화와 창발의 중요한 원인이 된다. 프리초프 카프라는 피드백과 반복에 의해 변화들이 증폭되면서 창발이 발생한다는 점을 말한다.[39]

비선형 시스템이 갖는 세 번째 중요한 특성은 자기 강화적인 피드백 과정들의 빈번한 발생으로 인한 영향이다. 선형 시스템에서는 작은 변화가 작은 영향을 미치고, 큰 변화가 큰 영향을 미치거나 수많은 작은 변화의 총합을 낳는다. 그러나 비선형 시스템에서는 작은 변화가 극적인 영향을 미칠 수 있다. 그 이유는 작은 변화들이 자기 강화적인 피드백 과정에 의해 반복적으로 증폭될 수 있기 때문이다. 이러한 비선형 피드백 과정들은 자기조직화의 가장 중요한 특징인 새로운 형태의 질서의 갑작스런 창발과 불안정성의 기반이 된다.[40]

콘웨이의 생명 게임

들뢰즈-발생 이론, 눈의 발생

들뢰즈의 발생 이론은 복잡계과학의 자기조직화와 유사하다. 들뢰즈는 차이로부터 발생을 설명한다. 『차이와 반복』에서 차이-강도-잠재적 차원-분화소-질과 양-현실적 차원으로 순차적으로 진행되는 과정은 미적분에서의 미규정성-규정 가능성-질화 가능성-양화 가능성으로 설명된다. 들뢰즈는 미적분과 생물학, 프로이트의 정신분석을 인용하면서 선험적인 규칙이 없는 상태에서 차이의 반복을 통해 점진적으로 발생이 이루어지는 과정을 설명한다.[41] 예를 들어서 생명체에 눈이 발생하는 과정은 빛이라는 원인이 눈이 없는 원시 생명체에 지속적으로 반응을 일으키고 그 결과로서 눈이 생겨나는 것이라고 설명하는데, 이런 발생 과정은 복잡계과학의 자기조직화와 매우 유사하다. 복잡계과학에 따르면 열린계open system에서 외부의 자극이 지속적으로 유입될 때 무질서의 상태가 상전이를 거쳐서 질서 상태로 이동한다. 피드백의 결과물로서 개체나 기관이 생겨난다는 자기조직화는 들뢰즈가 설명하는 차이의 반복에 의한 발생과 서로 통하는 것이다. 또한 복잡계과학은 초기 조건의 작은 차이가 결과의 커다란 차이로 나타난다는 나비효과를 말하는데, 이는 들뢰즈가 말하는 우발점 개념과 연결된다. 나아가 상전이는 들뢰즈의 점진적 발생에서 다음 단계로 도약하는 것과 유사하다.[42] 또 들뢰즈 철학에서 눈이나 기관 같은 특이점들이 등장하는 것은 복잡계과학에서 창발emergence과 비교될 수 있다.[43]

표 11. 들뢰즈 철학과 복잡계과학 개념의 유사성

들뢰즈	복잡계과학
발생	자기조직화
반복	피드백
우발점	나비효과
단계 변화	상전이
특이점	창발

바디우-사건 이론, 급변 이론, 체제 변화, 지층, 모래 더미

바디우의 사건 이론은 복잡계과학의 급변catastrophe 이론과 유사한 측면이 있다. 급변 이론에 따르면 피드백이 지속될 때 처음에는 큰 변화가 나타나지 않다가 어떤 임계점을 넘으면 돌이킬 수 없는 상태로 들어가게 된다. 강아지를 위협하면 처음에는 무서워하다가 계속 위협하면 어느 순간 갑자기 짖게 되는 것과 같은 현상이다. 정치적 자유도가 높지 않은 공산권 국가에서 경제적 자유도가 갑자기 높아질 때 체제가 붕괴하는 현상도 급변 이론으로 설명할 수 있다.

급변 이론은 지층의 붕괴나 지진 현상과도 연관된다. 지진은 두 지층에 힘이 가해질 때 계속 마찰력이 증가하지만 지층이 움직이지 않다가, 단층 사이에 힘이 점점 응축되고 응축된 힘이 어느 임계점을 넘어서면 지층에 급격한 미끄러짐이 생기면서 발생하는 것이다. 이런 현상들은 근대과학의 점진적 이론으로는 설명이 되지 않지만, 급변 이론은 임계점까지는 변화가 없고 에너지가 계속 쌓이다가 임계점을 넘어서면 큰 변화가 발생하는 것을 말한다.

급변 이론은 모래 더미에 모래알을 던지는 것에도 비유할 수 있다. 모래 더미는 어느 정도 높이까지 쌓이면 임계상태에 도달한다. 그때 모래알 몇 개를 모래 더미에 던지면 주변 모래알 몇 개가 몇 번 구르다가 끝날 수도 있지만 어떤 경우에는 그 몇 개 모래알이 주변 모래알에 계속 영향을 미쳐 수백만 개의 모래알이 굴러내리는 모래사태를 불러일으키기도 하는데, 급변 이론은 후자에 비유할 수 있는 것이다. 즉 급변 이론은 점진적으로 사건이 발생하는 것이 아니라 작은 계기에 의해서 큰 사건이 발생하는 것을 말한다. 실제로 역사적 사건들은 작은 사건이 도화선이 되어 일어났다. 바스티유 감옥 공격으로 프랑스대혁명이 발발하고, 오스트리아 황태자의 암살로 제1차 세계대전이 발발한 것을 예로 들 수 있다. 지구의 역사에

서 캄브리아기의 생명의 폭발적 분기도 이와 같이 불연속적 우발성
으로 설명된다.**44** 임계점을 넘지 못하는 경우도 있다. 19세기의 증
기 자동차는 철도와 증기기관차에 밀려서 결국 주류 교통수단이 되
지 못했다.**45** 바디우의 용어로 말하면 모든 사건이 진리가 되는 것
은 아니라고 설명할 수 있다. 명명과 충실성의 절차를 통과했을 때
비로소 진리가 된다.

바디우-사건, 라캉-증상

점진성보다는 불연속성이, 필연성보다는 우발성이 강조되는 것은
현대철학과 복잡계과학의 공통점이다. 이것은 바디우의 사건 개념
과도 서로 통한다. 정신 현상에서도 급변 현상과 유사한 현상이 나
타나는데, 프로이트와 라캉이 말하는 증상이 바로 그것이다. 증상은
무의식(실재)이 의식(상징계)에 의해 억압되다가 한계에 도달할 때
억압을 뚫고 올라오는 현상을 말한다. 이것은 두 개의 지층 사이에
일어나는 지진처럼 힘의 응축이 어느 순간 분출하게 되는 것과 같
다. 라캉의 증상은 상징계에 발생한 공백으로, 기존의 체계로는 설
명할 수 없는 지점이다. 이 증상은 공백이면서 실재의 에너지가 상
징계를 뚫고 올라오는 지점이기도 하다. 이 개념은 바디우의 사건
개념과 매우 유사하고,**46** 복잡계과학의 혼돈의 가장자리edge of chaos
와도 일맥상통한다.

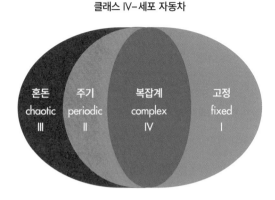

클래스 IV-세포 자동차

도식 10. 울프럼, 클래스 IV, 랭턴, 카우프만, 혼돈의 가장자리[47]

혼돈의 가장자리, 사건의 자리, 공백의 가장자리, 증상, 카오스모스

스티븐 울프럼과 스튜어트 카우프만은 생명현상에서 나타나는 자기조직화를 연구하였고, 자기조직화가 질서와 무질서 사이의 영역에서 활발하게 일어난다는 사실을 발견했다. 울프럼은 클래스 I, II를 질서의 상태로, 클래스 III을 완전한 무질서의 상태로, 클래스 IV를 질서가 붕괴되었지만 완전한 무질서가 되지 않은 다양한 질서의 가능성이 있는 상태로 분류했다. 크리스토퍼 랭턴은 시스템의 변화가 고정적 구조(클래스 I) → 주기적 구조(클래스 II) → 복잡계 구조(클래스 IV) → 혼돈 구조(클래스 III) 순서로 진행된다는 것을 발견했다. 랭턴과 카우프만은 클래스 IV의 상태를 혼돈의 가장자리라고 불렀다(〈도식 10〉 참조).[48] 혼돈의 가장자리에서 새로운 질서가 만들어지는 창발이 일어난다. 혼돈의 가장자리는 에너지가 응축되고 분출되는 자리이며, 기존의 질서 체계로는 설명이 되지 않는 자리이다. 자기조직화가 극대화될 수 있는 클래스 IV와 혼돈의 가장자리는 시스템의 요소들이 새로운 변화를 모색할 수 없을 정도로 위축되어 있는 과도한 질서의 상태도 아니고, 질서에 수렴할 수 없을 정도로 지나치게 활성화된 무질서의 상태도 아니다. 정신분석적으로는 혼돈의 가장자리는 강박증의 상태도 아니고, 분열증의 상태도 아닌 중간의 상태이다.

이 개념은 바디우가 말하는 공백의 가장자리au bord du vide/edge of void와 매우 유사하다. 앞에서 말했듯이 기존 상황의 질서로는 설명되지 않는 지점이 바로 공백이고, 공백의 가장자리는 새로운 사건이 일어날 가능성이 있는 자리로 사건의 자리로 불린다. 공백의 가장자리는 혼돈의 가장자리와 마찬가지로 에너지가 응축되고 분출하는 자리이다. 라캉의 용어로는 실재의 귀환이 일어나는 증상의 자리이다. 1권에서도 말했듯이 이것은 들뢰즈와 과타리가 사용한 질서cosmos와 혼돈chaos 사이의 카오스모스chaosmos와도 유사하다.[49] 모래 더미처럼 자기조직화된 임계성의 상태이기도 하다. 혼돈의 가장자리에서는 작은 요동이 거시적인 질서를 만들어낸다. 혼돈의 가장자리, 공백의 가장자리, 사건의 자리는 혼돈도 질서도 아닌 그 사이에 위치해 있으며, 상징계에 뚫린 구멍 주변에서 나타난다. 이를 정리하면 〈도식 11〉, 〈도식 12〉 및 〈표 12〉와 같다.

도식 11. 클래스 IV, 혼돈의 가장자리, 사건의 자리

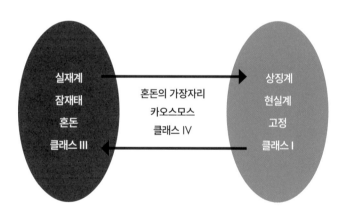

도식 12. 클래스 IV, 혼돈의 가장자리, 사건의 자리

표 12. 혼돈의 가장자리, 사건의 자리

바디우	공백의 가장자리 사건의 자리
라캉	증상의 자리
과타리	카오스모스
복잡계과학	창발의 자리
랭턴, 카우프만	혼돈의 가장자리
울프럼	클래스 IV

혼돈의 가장자리, 비평형상태, 카우프만

프리조프 카프라는 카우프만의 이론에 대해서 다음과 같이
정리하고 있다.

카우프만의 중심 가설은 "살아 있는 시스템들은 '혼돈의 가
장자리' 근처의 경계 영역에 존재한다"는 것이다. 그는 질서
있는 시스템의 깊은 곳에서는 행동의 섬들이 너무 작고 고립
되어 있어서 복잡한 행동이 시스템 전체로 파급될 수 없다고
주장한다. 다른 한편 카오스적 시스템의 깊은 곳에서는 그
시스템이 작은 요동에도 지나치게 민감해서 그 조직을 유지
할 수 없다. 따라서 자연선택은 '혼돈의 가장자리'에 위치한
살아 있는 시스템들을 선호하고 떠받쳐주었을 것이다. 왜냐
하면 그곳의 살아 있는 시스템들이 복잡한 행동과 유연한 행
동을 가장 잘 조화시킬 수 있으며, 가장 잘 적응하고 진화할

수 있기 때문이다.[50]

이 사실은 혼돈의 가장자리에 있는 시스템과 네트워크가 상황에 빨리 대처하며, 환경의 변화에 쉽게 적응할 수 있다는 것을 말한다. 이것은 평형상태에 있는 사회, 건축, 도시 시스템도 견고한 수목적, 위계적 체계나 구조보다는 비평형상태에 있는 아슬아슬해 보이는 체계나 구조가 변화에 보다 빠르게 대처할 수 있으며, 혼돈이나 변화 상태에서 새로운 질서나 패턴을 발생시킬 수 있다는 것을 말해준다. 카우프만은 "질서와 무질서가 절충되는 혼돈의 가장자리 근처 영역에 있는 회로망들은 복잡한 활동들을 조정하는 데 최상의 능력이 있으며, 또한 진화하는 데도 최상의 능력이 있다"[51]고 말한다. 이것은 시스템을 견고하게만 만드는 것이 안정적인 것은 아니며, 유연하고 약간 혼돈스러운 비평형상태가 오히려 시스템을 오랫동안 유지하게 할 수 있다는 중요한 점을 말해준다. 자기조직화와 창발은 견고하고 평형상태에 있는 체계에서 나오지 않고, 비평형상태의 체계로부터 나온다.

분산구조, 동요, 프리고진

일리야 프리고진은 이런 비평형 구조, 즉 불안정하지만 에너지가 넘치는 구조를 '분산구조dissipative structure'라고 부른다. 분산구조는 하나의 체계가 기존 질서의 균형이 파괴되고 안정성의 경계를 넘어서서 비평형의 상태에 놓일 때, 과거와 다른 전혀 새로운 구조를 확립하기 위한 역동적 과정으로 돌입하는데(끓는 물의 상태), 이 과정으로서의 구조를 말하는 것이다. 분산구조는 비평형상태를 띠며 비선형적으로 작동한다. 분산구조는 임계점을 넘어선 상태에서 환경적 동요를 억제하기보다는 조직의 변형을 창출하기 위하여 조직 내부의 동요fluctuation를 만들어나간다. 에리히 얀치와 일리야 프리고진이 주장하듯이 하나의 시스템은 동요를 통해서 새로운 질서를 찾아나가게 된다.

복잡계, 집합론, 칸토어

바디우는 복잡계과학을 직접적으로 언급하지 않고, 칸토어에서 코엔까지 이어지는 집합론으로 사건과 변화를 설명한다. 칸토어의 무한에 대한 이론은 물리학에서는 오랫동안 사용되지 않았는데, 급변 이론을 설명하는 복잡계과학에서 사용하게 된다.[52] 급변 이론에서 사용하는 멱함수도 칸토어의 집합론을 사용한다. 잘 생각해보면 무한히 많은 개체가 만들어내는 움직임을 계산하는 복잡계과학이 칸토어의 무한 이론을 사용하는 것은 당연하다고 할 수 있다. 바디우가 공집합의 부분집합으로 만들어지는 집합론으로부터 세계를 설명하려고 하듯이 복잡계과학은 무수히 많은 작은 입자의 집합과 운동으로 세계를 설명하려 한다. 서로 다른 분야들이 같은 수학을 사용하게 된다는 것이 신기하고 놀랍다.

정신, 자연, 역사, 수학, 들뢰즈-라이프니츠, 바디우-칸토어

또한 놀라운 것은 정신, 자연, 역사의 구조가 모두 수학으로 설명이 된다는 것이다. 라캉의 실재는 무한한 것이고, 바디우의 집합 역시 무한한 것이다. 어쩌면 정신분석이나 사건 이론이 무한을 다루기 때문에 무한을 다루는 집합론과 연결되는 것은 당연하다. 라이프니츠가 무한히 작은 것에 관심을 갖고 모나드 이론과 미분법을 발명한 것처럼 철학과 수학은 밀접하게 연관되어 있다. 미분이 연속적인 것에 관심을 가졌던 반면, 집합론은 불연속적인 것을 다룬다. 알레프 $\aleph$는 무한의 등급을 표시하는 기호인데 무한의 등급도 연속적이지 않고 불연속적이다. 실수, 자연수, 유리수의 무한의 윗 등급은 그 수들의 집합의 부분집합의 개수이다. 무한의 등급은 연속적인 것이 아니라 알레프 1, 알레프 2, 알레프 3…처럼 불연속적이다. 예를 들어 알레프 1.68은 없다. 이와 유사하게 무수한 다수가 만들어내는 사건도 필연적으로 불연속적이다. 사건과 급변을 다루는 데는 멱함수가 적용되며, 칸토어의 이론이 적용될 수밖에 없는 것이다. 들뢰즈의 미적분은 라이프니츠의 계보 아래서 연속성과 점진적 변화의 관점에서 수학, 철학, 자연, 정신을 연결하고 있는 반면, 바디우의 집합론은 칸토어의 계보 아래서 불연속성과 급진적 변화의 관점에서 다양한 현상을 연결하고 있다.

충실성, 피드백, 진리, 이상한 끌개

들뢰즈의 발생 이론은 점진적인 변화에 초점이 맞춰져 있다. 반면에 바디우의 사건 이론은 정치적 혁명이나 급격한 사랑, 천재적 작품이 어느 순간에 큰 변화를 일으키는 급진적 변화를 설명할 때 매우 유리하다. 들뢰즈에게 사건은 비물체적인 아주 작은 행위들을 모두 포함하는 반면, 바디우의 사건은 급격한 변화를 의미한다. 따라서 들뢰즈의 사건은 자주 일어나지만 바디우의 사건은 매우 드물다. 엄밀하게 말하면 바디우의 사건은 자연현상이 아니라 인간세계에서 일어나는 일에 국한되어 있고, 사건이 일어날 수 있는 가능성인 공백에 많은 사람이 지속적으로 관심을 두고 믿음을 갖고 행동할 때 비로소 일어난다. 정치적 계기가 있어도 모두가 신념을 갖고 들고일어나지 않으면 정치적 사건이 되지 않는 것을 말한다. 예술적 사건도 마찬가지다. 바디우는 이런 믿음과 행동을 충실성이라고 부른다. 충실성 개념은 복잡계에서 지속적인 피드백이 있어야 창발이 일어나는 것과 유사하다. 사건은 상황의 과잉excès 상태에서 새로운 것이 등장하는 것인데, 피드백이 지속되어 임계점을 넘어설 때 급변이 일어나는 것과 유사하다. 사건의 자리인 공백의 가장자리는 새로운 질서가 나타나는 자리인 혼돈의 가장자리와 유사하고, 충실성의 결과로 나타나는 바디우의 진리는 혼돈 속에서 나타나는 질서인 이상한 끌개strange attractor와도 비교할 수 있다.

표 13. 바디우 철학과 복잡계과학 개념의 유사성

바디우	복잡계과학
사건 이론	급변 이론
공백의 가장자리, 사건의 자리	혼돈의 가장자리
과잉, 초과	임계점
사건	창발
충실성	피드백
진리	이상한 끌개

들뢰즈와 바디우의 이론은 모두 변화와 운동에 대해서 생각하고 있다. 그중 특이점과 사건 개념은 혁명이나 천재적 작품 같은 큰 변화에 대해서 사유하고 있다. 들뢰즈와 바디우의 철학 개념과 복잡계과학의 개념을 일대일로 정확하게 대응하는 것은 무리가 있지만, 이들 철학과 과학 사이에 가족유사성과 공명이 있다는 것을 부인하기 어렵다.

표 14. 들뢰즈와 바디우의 철학 비교

들뢰즈	바디우
발생 이론	사건 이론
자기조직화	급변 이론
반복	충실성
특이점	사건의 가장자리
미적분	집합론, 무한론
라이프니츠	칸토어
연속성	불연속성
점진적	급변적

시스템학, 기계권

결국 정신, 유기체, 사회, 경제, 도시, 기술, 기계는 카오스모스를 조직하고 배치하는 방법이다. 이 책에서 시도하는 것은 일종의 시스템학이다. 그것은 흐름과 카오스모스에 대한 시스템학이다. 결국 정신=도시=경제는 같은 구조이다. 이 모든 것은 사실 다 연결되어 있다. 이것들은 무한의 카오스와 유한의 코스모스가 만들어내는 구조들이기 때문이다. 그런 구조는 생명체와 기계라는 고전적 경계를 넘어선다. 그래서 들뢰즈는 그 모든 것을 기계권mécanosphère이라고 말했고, 생명과 기계를 포함한 생기론적vitaliste인 것이라고 말했다.[53]

4장 도시는 왜 분산되지 않고 집중되는가?

엔트로피/네겐트로피, 도시, 생명, 규모의 한계

구순기, 항문기, 남근기, 성기기, 도시

프로이트는 리비도의 집중이 진행되는 과정을 구순기, 항문기, 남근기, 성기기의 과정으로 설명한다. 입, 항문, 남근, 성기에서 쾌락을 느끼게 된다는 것이다. 정상적인 신경증자의 경우 최종적으로는 성기에 리비도가 집중되게 된다. 리비도 집중의 단계는 성기기에 고정되지 않고 트라우마에 의해 퇴행이 일어날 수도 있다. 입에서 쾌락을 느꼈던 구순기로 퇴행하는 경우에는 리비도가 입으로 집중되면서 폭식증이 생기고, 이것이 뒤집힐 경우에는 거식증에 걸린다. 이런 퇴행은 증상으로 나타난다.

도시의 발달도 이와 비교할 수 있다. 로마의 상수도의 발달이나 1차산업의 발달은 구순기에, 파리의 하수도의 발달은 항문기에 비교할 수 있다. 미국의 전기, 통신, 교통의 발달과 2차산업의 발달은 남근기에, 아시아 도시의 쇼핑과 3차산업의 발달은 성기기에 비

교할 수 있다. 리비도가 어느 곳에 집중되느냐에 따라서 도시의 성
격이 결정된다.

규모의 경제, 연결 네트워크의 증가

도시로 인구가 점점 집중하고, 도시의 규모가 커지는 현상은
규모의 경제이론과도 연관성이 있다. 즉 일정 규모 이상이 되면 효율
이 증가하는 것이다. 저밀도의 지방에 사는 것보다 고밀화된 도시에
사는 것이 많은 다양한 사람을 접할 수 있고, 다양한 네트워크를 형
성할 수 있기 때문에 상업이나 창의적인 직업군들에게는 유리하다.
제프리 웨스트는 『스케일』에서 도시의 규모가 2배 증가할수록 사업
체의 매출이 2.3배씩 증가하는 원칙을 설명하고 있다. 효율성은 도
시의 규모에 정비례하는 것이 아니라 지수적으로 증가한다. 이것은 하
나의 점이 생겨날 때 증가하는 연결선의 개수와 유사하다. 2의 n승
으로 증가하기 때문에 지수적으로 증가할 수밖에 없다. 이것은 보다
많은 병렬적 네트워크의 연결이 시스템의 효율성을 높인다는 복잡
계의 법칙과 일치한다. 앨버트 라슬로 바라바시가 『링크』에서 설명
하는 것처럼 노드node의 증가는 링크link를 지수적으로 증가하게 만
든다.

규모의 한계, 고래는 왜 물 속에 살까?

하지만 도시의 규모가 무작정 커지는 것이 유리한 것은 아니

다. 동물의 크기가 다 왜 무한히 크지 않은가와 유사하다. 공룡은 점점 커질수록 자신의 무게를 발로 지탱하기 힘들어지게 되고 중력에 대항하기 위해서 뼈가 굵어짐으로써 이동이 점점 힘들어지게 된다. 일본의 물리학자 마치오 카쿠가 설명하는 것처럼 물리법칙에 의해서 일정 크기 이상의 공룡은 지구상에서 생존하기에 적절치 않다는 것이다. 중력으로부터 자유로워지는 환경에 사는 방법이 있는데 그것이 바로 물속에 사는 것이다. 현존하는 지구상의 가장 큰 동물은 흰수염고래인데 바닷속에서 서식한다. 그 이유는 그 정도 규모(몸무게)를 지상에서는 지탱할 방법이 없기 때문이다. 흰수염고래는 지상에서는 중력이 척추에 가하는 하중을 지탱할 수 없지만 수중에서는 가능하다. 포유류인 고래가 바다에서 살도록 진화한 것도 지상에서는 몸무게를 감당할 수 없기 때문이다.

도시도 이와 비슷하게 생각할 수 있다. 일정 규모까지는 네트워크가 증가하기 때문에 효율성이 증가하지만, 어떤 임계 규모를 넘어서면 에너지와 자원의 공급과 순환이라는 차원에서 그 효율이 급격하게 감소한다. 기업체에서 하나의 분과가 과도하게 커질 때 분할하는 것도 비슷한 이유에서이다.

중앙집중 프랑스, 지방분권 독일과 이탈리아, 네덜란드

신성로마제국 성립 후 베르됭조약(843)에 의해서 지금 현재의 프랑스, 이탈리아, 독일의 영토 형태가 나타나게 된다. 프랑스는 카페 왕조의 절대왕정이 16세기부터 자리를 잡으면서 중앙집중적 시스템으로 발전했고, 독일과 이탈리아는 지방분권의 봉건 시스템이 오랫동안 이어져 통일된 국가 형태를 갖추는 것은 19세기에 들어서였다. 이런 정치 시스템은 도시 분포에도 그대로 드러난다. 프랑스는 파리를 중심으로 한 중앙집중 형태의 도시 배치를 하고 있는 반면, 독일과 이탈리아는 베를린과 로마가 중심 도시이기는 하지만 프랑스에 비해서 분산 형태의 도시 배치를 하고 있다. 프랑스의 도시 배치는 우리나라의 도시 배치와 상당히 비슷하다. 수도 파리는 정치, 경제, 문화의 중심이고 인구도 집중되어 있다. 부산의 위치에 해당하는 마르세유는 지중해와 면한 중요한 항구도시이고, 대구의 위치에 해당하는 리옹은 동남권의 중심 도시이다. 프랑스와 우리나라는 공통적으로 서남 지역이 곡창 지대이면서 도시개발이 덜 되어 있고, 프랑스에는 광주의 위치에 보르도가 있다.

반면 독일은 뮌헨, 본, 쾰른, 드레스덴, 프랑크푸르트, 슈투트가르트 등 다양한 지방 도시가 발달되어 있다. 이탈리아도 피렌체, 밀라노, 나폴리, 베니스, 베로나 등 각각의 특색과 역사를 지닌 지방 도시들이 발달되어 있다. 여행을 할 때 프랑스는 파리를 중심으로 다니면 많은 것을 대부분 봤다고 생각할 수 있지만, 독일과 이탈리아는 지방 도시를 다 돌아다녀야 비로소 제대로 봤다고 느낄 수 있는 것은 이런 이유에서다. 독일과 이탈리아는 각 도시의 특색이 확실해서 각 도시의 차별성과 정체성이 명확하게 드러난다. 각 도시가 담당하는 고유한 산업과 문화적 특색이 다르기 때문에 서로의 차이가 안정적이고 상보적인 도시 간 시스템을 구축할 수 있다.

이런 방식을 도시계획에 적용한 나라가 네덜란드다. 네덜란드

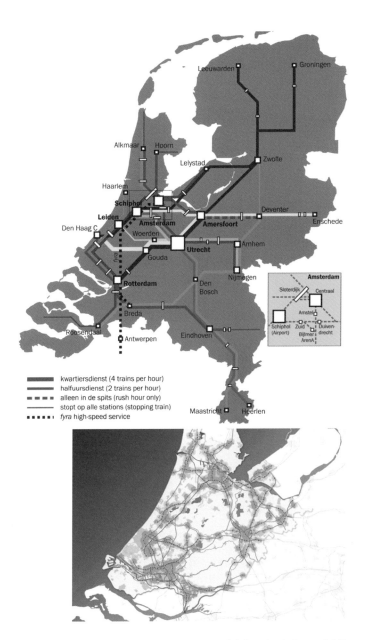

kwartiersdienst (4 trains per hour)
halfuursdienst (2 trains per hour)
alleen in de spits (rush hour only)
stopt op alle stations (stopping train)
fyra high-speed service

네덜란드 란트슈타트 도시계획

는 란트슈타트Randstadt라는 도시 구성 방식을 가지고 있는데, 이것은 고리 형태 도시Ring city라는 뜻이다. 여러 도시가 고유한 기능과 특색을 가지면서, 철도에 의해서 원형으로 연결되어서 하나의 거대한 도시 시스템을 만드는 방식이다. 즉 암스테르담(문화)-로테르담(상업)-헤이그(정치)-유트레흐트(교육)-힐베르섬(방송) 같은 방식이다. 도시의 규모가 한없이 커질 수는 없기 때문에 분산과 집중의 적절한 조화가 필요하다.

진화, 차이화, 종의 다양성, 도시의 동질화

교통수단이 발달하여 이동시간이 단축되면서 도시들은 점점 비슷해지는 경향을 갖는다. 비슷한 시설, 디자인, 상점이 들어선다. 로마제국의 여러 도시가 대형 경기장, 마차 경기장, 목욕탕, 포럼을 갖추는 식으로 표준화된 것처럼 오늘날의 도시는 공항, 기차역, 쇼핑센터, 아울렛, 영화관을 갖추는 식으로 표준화된다. 도시들이 동질화하는 것은 인류 전체의 생존에 불리하다. 생명체의 진화는 동질화가 아닌 차이화와 분화이다. 동질화는 퇴화의 방향이다. 진화는 카오스와 창발을 도입하는 것이고, 점점 세분화되면서 생명의 나무가 여러 갈래로 분화하는 것이다. 자연에서 종이 살아남는 비결은 다양성에 있다. 종의 다양한 분화가 여러 다른 환경적 변화에서도 살아남을 수 있는 생존력을 제공한다. 인류 전체의 차원에서 보면 도시가 동질화되는 것은 진화에 역행하고, 공멸의 가능성에 빠지는 것이다.

엔트로피, 네겐트로피

앞에서 살펴보았듯이 열열학 제2법칙인 엔트로피증가법칙은 닫힌계closed system의 자연 상태에서는 무질서도가 증가한다는 법칙이다. 쉽게 말하면 뜨거운 물과 차가운 물을 섞으면 미지근한 물이 되고, 정돈된 방은 자연스럽게 조금씩 어질러진다는 것이다.

특별한 노력을 가하지 않는 한 무질서도는 감소하지 않기 때문에 비가역적irreversible 법칙이라고 한다. 자연은 엔트로피법칙을 따르는 데 반해서 생명체는 엔트로피법칙을 거스른다. 자연은 에너지를 확산시키고 평준화시키는 데 반해서 생명체는 에너지를 집중시키고 축적시킨다. 생명체가 에너지를 집중시키는 것을 멈추면, 즉 네겐트로피의 증가를 멈추면 엔트로피가 증가하고 자연으로 돌아가게 된다. 그것은 생명체에게는 죽음을 뜻한다. 이미 말했듯이 이렇게 무질서도를 거슬러 올라가는 것을 네겐트로피라고 한다. 엔트로피는 팽창과 이완을 기본으로 하는 자연의 근본 원리이고, 네겐트로피는 수축과 긴장을 기본으로 삼는 생명의 근본 원리이다. 네겐트로피는 사회 전체의 부의 총량은 증가하지만 부의 분배가 평등해지지 않고 불평등해지는 빈익빈부익부의 근본적인 원인이다. 또한 점점 도시로 인구가 집중되고 농촌의 인구가 줄어드는 현상이나 대기업은 번성하고 중소기업은 몰락하는 현상도 네겐트로피로 설명할 수 있다. 네겐트로피는 생명의 원리이고 인간 욕망의 원리이기도 하다. 프로이트는 인간의 불쾌와 쾌락의 감정을 긴장과 이완으로 설명하고, 이것에 생의 충동Eros과 죽음충동Thanatos이라는 이름을 붙인다.

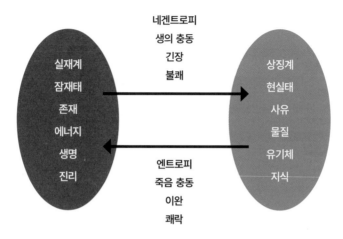

도식 13. 생의 충동, 죽음충동, 네겐트로피, 엔트로피

이 두 원리도 네겐트로피 및 엔트로피와 일치하는 개념이다. 이것을
정리하면 〈도식 13〉 및 〈표 15〉와 같다.

표 15. 네겐트로피-엔트로피

네겐트로피	엔트로피
생명	자연
긴장	이완
수축	팽창
불쾌	쾌락
생의 충동	죽음충동

도시집중화, 경쟁, 개체 감소, 집중, 분산

도시에 과도하게 인구가 집중되는 현상은 교육, 의료, 문화, 인적 네트워크의 효율성, 구매 수요 창출을 위해서 가속화되지만, 역설적으로 개체 증식을 저해하는 요인으로 작동한다. 쉽게 말해서 도시의 과도한 인구 집중은 출산율을 떨어뜨린다는 것이다. 한국의 서울, 대만의 타이페이, 태국의 방콕 그리고 홍콩의 인구 집중은 모두 동일하게 출산율 감소의 원인으로 꼽힌다. 과도하게 집중된 인구는 집값 상승과 경쟁을 부추기고, 노동시간, 교육 시간의 증가, 여가 시간의 감소를 가져온다. 이런 상황에서 모든 생명체는 번식하여 증식하기보다는 개체의 생존에 집중하게 되고, 결혼과 출산을 포기하게 된다. 이것은 과도한 네겐트로피와 생의 충동이 적용된 경우로 볼 수 있다. 반대로 도시가 분산되어 지나치게 경쟁이 낮은 환경에서는 오히려 삶의 의욕이 떨어지면서 노인 자살률이 증가할 우려가 있다. 이 경우는 엔트로피와 죽음충동이 적용된 경우이다. 인구가 과도하게 집중되지 않고, 도시와 자연이 혼합되어 있고, 의료, 교육, 주택의 복지가 제공되면서 도시 간의 네트워크가 형성된 경우는 앞의 두 가지 극단적 경우의 중간이라고 볼 수 있다.

과잉, 임계점, 균형, 닫힌계/열린계

과잉이라는 것은 임계점을 염두에 둔 것이다. 임계점이 있다는 것은 임계점의 전후에 질적 변화가 있다는 것을 의미한다. 기업의 규모나 도시의 규모가 커지면 효율성이 증가한다. 그러다가 어떤 한계를 넘어서면 효율성이 감소한다. 따라서 기업이나 도시의 규모가 커지는 것은 나쁜 것도 좋은 것도 아니다. 적정선을 찾는 것이 중요하다. 생명체도 엔트로피와 네겐트로피가 적당히 공존할 때 최선의 균형이 만들어진다. 긴장과 이완, 에로스와 타나토스, 생의 충동과 죽음충동이 적절한 균형을 이룰 때 생명체가 유지된다. 열린계에서 자연은 에너지를 흐트러뜨리는 엔트로피법칙을 따르지만, 닫힌계에서는 자연도 에너지를 응축하는 네겐트로피의 법칙을 따른다. 만약에 지구가 완전한 열린계라면 대륙과 바다, 산맥과 계곡이 나뉘지 못하고 혼합된 분자들로 이루어져 있을 것이다. 지구는 닫힌계로서 기상과 지질에서 불균형한 분포가 나타나고, 그에 따라 동식물의 서식지도 균등하고 고르게 분포하는 것이 아니라 엔트로피법칙을 따라 불균등하게 나타난다. 이런 불균등성은 지구 전체가 엔트로피와 네겐트로피가 균형을 이루는 생명의 특징을 가지고 있음을 말한다. 그렇기 때문에 닫힌계로서의 지구는 생명체처럼 자기조직화로 지형, 기상현상, 생명체를 만들어내고, 기후를 일정 상태로 유지하는 자기조절을 한다. 인간이 만든 지구 위의 도시는 이 균형을 넘어설 때 지구 전체의 균형과 어긋나게 되고 과잉의 상태에 돌입하게 된다.

생명체는 엔트로피와 네겐트로피, 카오스와 코스모스가 적절히 균형을 이루고 있는 상태이다. 생명체로서의 지구도 그렇고, 생명체로서의 도시와 사회도 마찬가지다. 생명체, 도시, 사회에서 네겐트로피와 질서가 과도하게 강해지면, 카오스로 돌아가려는 엔트로피가 상승하는 힘이 강해진다. 프로이트는 이런 힘을 **죽음충동**이라고 불렀다. 프로이트는 문명 속에는 불만이 있고, 문명이 과도한 상태가 되면 카오스로 돌아가려는 죽음충동이 증가한다고 설명한다. 앞에서 살펴보았듯이 라캉은 이와 같은 상황을 실재의 귀환이라고 불렀다. 상징계의 질서가 과도한 상태가 되면 실재의 무질서가 필연적으로 도래한다는 뜻이다. 문명이 지나친 상태, 질서가 지나친 상태에서는 필연적으로 무질서의 파편인 증상이 나타나고, 고장이 날 수밖에 없는 것이 자연의 원리이고, 생명의 원리인 것이다.

City as Event

1장 증상: 내 안의 내가 아닌 것₉ 〈적과의 동침〉

트라우마, 〈에일리언〉, 대타자의 결여

증상, 실재의 분출

프로이트에게 증상은 유아기에 경험한 과도한 성충동에 의해 발생한 리비도의 고착이 사후에 분출되면서 나타나는 현상이다. 라캉에게 증상은 억압되었던 실재가 분출하는 현상이다. 라캉은 상징계가 태만carence할 때 증상이 등장한다고 말하는데, 상징계의 억압이 해이해진 틈을 이용해 실재가 모습을 드러내는 것을 뜻한다. 증상은 작게는 말실수, 꿈, 비정상적 행동들,[1] 크게는 정신 질환까지를 말한다. 무의식이 의식의 억압을 뚫고, 즉 실재가 상징계의 억압을 뚫고 나타나는 증상은 상징계보다 더 근본적이라고 할 수 있다. 상징계가 문화, 가상semblant, 타자, 아버지의 질서인 반면, 증상은 상징계, 문화, 타자 이전의 실재가 분출하는 것이기 때문이다.

트라우마, 억압된 것의 회귀, 고착된 흐름의 분출

억압된 것의 회귀로서의 증상은 대부분 반복되면서 나타난다. 실신, 발작, 실언, 통증의 증상은 억압된 실재가 신체의 증상으로 나타나는 것이다. 증상이 신체로 나타나면 히스테리가 되고, 사유로 나타나면 강박증이 된다. 증상은 억압된 성충동의 기억에서 비롯되는 경우가 많다. 프로이트에게 성충동은 남녀 관계나 성관계로부터 생기지 않고, 그 이전의 유아기에 타자(어머니, 아버지)와의 관계로부터 발생한다. 프로이트가 모든 것을 남녀 간의 성으로 환원했다는 통념과는 달리, 성충동은 남녀 관계의 성 이전에 자리잡고 있다. 따라서 성적 에너지인 리비도 역시 남녀 관계의 성으로 생각해서는 안 되고, 남녀 관계 이전으로 거슬러 올라가 생각해야 한다. 증상은 언어로 표상되지 못할 때 발생한다. 흐름과 순환의 관점에서 볼 때, 증상은 리비도의 흐름이 상징계라는 껍질을 뚫고 올라오는 현상이다. 어떤 사건에 대해 상징계의 표상 체계가 충분히 작동하지 않아서 언어로 표상되지 못하고 무의식으로 가라앉으면 트라우마로 남게 된다.[2] 트라우마는 엄밀한 의미에서 그 원인을 기억할 수도 없다. 실재를 억압하고 있던 언어의 그물망이 느슨해지고, 의미의 연쇄 고리가 끊어지는 지점으로 무의식이 올라오는 것이 증상이다. 증상은 흐름이 고착되고, 고착된 흐름이 과잉 상태가 되면서 분출되는 현상이다.

부정성, 결여, 잉여 향유, 대상 *a*, 증환

증상은 일반적으로 질서를 교란하는 무질서disorder로 간주되었다. 라캉은『세미나 7』에서 증상을 엄청난 적대적 대상으로서 부정적으로 묘사한다.『세미나 11』에서는 증상을 결여와 공백의 대상으로 본다. 라캉은 내담자(환자)들이 증상을 버리지 않고 탐닉하면서 쾌락을 느끼는 특이한 증상에 주목하게 된다. 세미나가 진행되면서 증상의 위상은 점차적으로 격상한다.『세미나 16』에서는 증상을 담화가 생산하는 잉여 향유로 주이상스의 탐닉 과정으로 설명한다. 증상은 상징계의 질서에 의해서 주이상스가 박탈되면서, 빗금 친 주체로 태어나면서 부수적으로 발생한 대상 *a*와 동일시된다. 이것을 기호로 표시하면 다음과 같다.

$$S \quad - \quad J \quad = \quad \$ \quad + \quad a$$

주체 − 주이상스 = 거세된 주체 + 증상, 잉여 향유
대상 *a*

증상은 해소하고 제거해야 할 대상에서 함께 공존해야 하는 대상으로 격상되는 것이다.『세미나 23』의 제목인 sinthome은 '증환' 또는 '병증'으로 번역되는데, 증상symptôme의 고어이다. 증환sinthome은 인조인간syn-homme/synthetic man, 성 토마스Saint Thomas, 증상과 환상의 종합[3] 같은 일련의 연상들을 포함하는 신조어이다. 슬라보예 지

젝은 증환을 "주이상스가 스며 있는 기표적 형성물"이고, "우리 존재의 유일한 실정적 지탱물, 주체에 일관성을 부여하는 유일한 지점"이라고 설명한다.[4] 프로이트와 초기 라캉에게서 증상은 제거해야 할 대상이었지만, 후기 라캉에게서는 증상은 우회하고, 동행하고 승화시켜야 하는 대상이다.

네 이웃을 네 몸과 같이 사랑하라, <에일리언>

라캉은 "네 이웃을 네 몸과 같이 사랑하라"는 성경 구절을 인용하면서 증상을 설명한다.[5] 여기에서 이웃은 친근한 이웃이 아니라 적대적인 이웃이다. 눈에 거슬리는 네 이웃은 제거하거나 해소할 대상이 아니라 내 몸처럼 사랑해야 할 대상이라는 것이다. 내 몸 안에 있는 나와는 이질적인 것, 그것이 바로 라캉이 말하는 증상의 위상이다. 이것은 제거해야 할 부정적이고 적대적인 것이 아니라, 나를 설명하는 나의 존재의 일부이다. 역설적으로 그 골치 아픈 대상이 나의 존재의 증명이고, 나의 존재의 자기표현이라는 것이다. 지젝은 영화 <에일리언>의 예를 들어서 증상을 설명한다.[6] 에일리언은 인간 숙주 속에 알을 낳고 자라면서 돌출한다. 내 안에 있는 나를 넘어서는 존재, 그것이 바로 증상이라는 것이다. 내담자들이 증상을 버리지 않고 증상에 집착하는 이유는 증상은 바로 나 자신이고, 존재의 자기표현이기 때문이라고 할 수 있다.

영화 〈에일리언: 로물루스〉, 내 안의 나를 넘어서는 존재

〈적과의 동침〉, 〈뷰티풀 마인드〉, 증상과의 공존

라캉이 나 자신 및 이질적인 증상과 공존해야 한다는 역설적 결론에 도달한 것은 철학적 사변에 의한 것이 아니라 임상경험에 의한 것이었다. 라캉은 내담자(환자)들이 증상을 없애면 다른 증상을 또 찾아내는 희한한 일을 경험한다. 예를 들어서 골치 아픈 배우자와 헤어지면, 그에 해당하는 다른 사람을 찾아내는 것이다. 나를 괴롭히는 직장 상사와 멀어지면, 그를 대체하는 다른 사람이나 대상을 또다시 찾아내는 것이다. 의식은 증상과 멀어지고 싶다고 표현하지만, 무의식은 증상을 자신의 일부처럼 탐닉하는 듯이 보이는 것이다. 따라서 증상은 자기 자신과 이질적이지만 자신을 하나로 묶어주는 핵심적인

영화 <뷰티풀 마인드>, 증상과의 공존

역할을 한다. 유아기에 성충동의 충격으로 형성된 증상은 무의식에 깊이 각인되어 있어서 쉽게 없어지지 않기 때문이다. 그것은 이미 자신의 존재 자체를 설명하고 있다. 전쟁 후 반복강박이나 외상후스트레스장애는 고통스럽게 지속된다. 트라우마를 해소하는 것은 쉽지 않다. 라캉은 증상을 제거하려고 하기보다는 〈적과의 동침〉처럼 증상을 받아들이고 우회하고 승화시킬 것을 제안한다.

영화 〈뷰티풀 마인드〉에서 주인공 존 내시는 정신병을 앓고 있고 친구와 그 딸의 환각을 본다. 어느 순간 그들이 환각이라는 것을 깨닫고 떨쳐내려고 노력하다가, 후반에서는 자연스럽게 받아들이는 장면을 볼 수 있다. 증상과의 공존을 보여주는 장면이다. 신체적인 고통이나 괴로움이 있을 때 병원을 찾거나 병을 치료하는 것은 당연하다. 고통이 없는 평온한 상태로 다시 돌아가는 것은 얼마

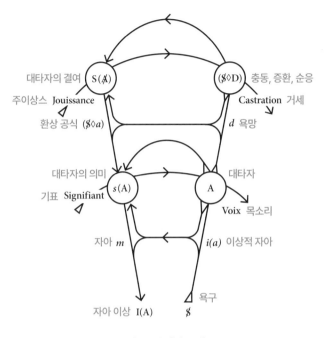

대타자의 결여 — S($\cancel{A}$)   ($\cancel{S}$◊D) — 충동, 증환, 순응

주이상스 Jouissance   Castration 거세

환상 공식 ($\cancel{S}$◊a)   d 욕망

대타자의 의미 — s(A)   A — 대타자

기표 Signifiant   Voix 목소리

자아 m   i(a) 이상적 자아

자아 이상 I(A) $\cancel{S}$ — 욕구

도식 14. 욕망의 그래프

나 행복한 일인가. 하지만 그것이 쉽지 않을 때 그 고통을 제거하려고 너무 집착하는 것은 오히려 고통을 가중시킬 수 있다. 라캉은 증상이 자신 안에 있는 자신의 본질적인 것일지도 모른다고 말한다.

욕망의 그래프에서의 증상, $\cancel{S}$◊D, S($\cancel{A}$), 대타자의 결여

욕망의 그래프(〈도식 14〉)에서 증상은 어디에 위치할까? 우리는 2권『환상 도시』 3부 2장에서 욕망의 그래프에 대해 자세히 살펴보았다. 지젝은 그래프 최상단 우측의 $\$ \lozenge D$를 '충동의 공식'이라고 설명하고, "우리는 위험을 무릅쓰고 $\$ \lozenge D$를 라캉의 더 발전된 후기 이론의 관점에서 소급하여 증환의 공식으로 읽어야 할 것"[7]이라고 제안한다. 2권에서 설명했듯이 D는 Demand, 즉 대타자의 요구(상징적인 요구)를 뜻한다. $\$ \lozenge D$는 결여된 주체가 대타자의 요구를 마주하고 있는 것을 뜻한다. 지젝의 관점에서는 결여된 주체와 대타자의 요구 사이에 생기는 간극이 바로 증상이라는 것인데, 우리는 오히려 최상단 좌측의 $S(\cancel{A})$ 또한 증상의 기호에 가깝다고 생각한다.[8] $S(\cancel{A})$는 대타자도 결여가 있음을 발견하는 것을 뜻하는데, 이것은 라캉이 말하는 '분리séparation'이다.[9] 분리는 소외alienation된 주체가 대타자의 결여를 발견하고 거리를 두면서 진정한 주체로 거듭나는 것을 말한다. 증상 역시 상징계의 질서에 균열이 생기면서 그 균열로 실재가 모습을 드러내는 것이기 때문에 $S(\cancel{A})$로 보는 것이 타당하다. 그리고 증상은 공황, 사건과 밀접하게 연결된다는 것을 감안할 때도 대타자의 결여의 기표인 $S(\cancel{A})$가 증상에 더 근접한다. 증상의 기표로서 $S(\cancel{A})$가 뜻하는 것은 대타자(사회, 시스템, 부모 등)에 결여가 있고, 대타자가 대답하지 못하는 질문이 있다는 것이다. 그리고 상징계가 제대로 작동하지 않는 오류의 지점이 있다는 것인데, 그 지점이 바로 증상이다. 증상은 '주이상스의 매듭', '해석과 소통에 저항하는 관성적인 오점',[10] 시스템 속에 포함될 수 없는 얼룩이지만 동시에 증상은 시스템을 가능하게 하는 조건이고 진리를 낳는 조건이다. 왜 이런 역설적인 것이 가능할까? 증상은 공황, 사건 개념과 연결시켜 생각할 때 그 의미가 더욱 명확해진다.

2장 공황: 자본주의는 고장나면서 작동한다

고착, 증상, 사회 기계, 뉴딜 정책, 전쟁

증상, 공황, 맑스

우리가 살펴본 증상이 과도한 성충동의 경험에 의해 발생한 리비도의 고착이 분출되면서 나타나는 현상이라면, 공황은 과도한 생산과 자본의 흐름이 고착되면서 나타나는 현상이다. 증상과 공황은 공통적으로 흐름의 과잉과 고착이 만드는 결과다. 라캉은 증상을 처음 발견한 사람이 맑스라고 말한다.[11] "맑스의 위대한 성과는 일상적인 부르주아 의식의 단순한 일탈, 우연적인 왜곡, 사회의 '정상적인' 작동의 퇴화처럼 보이는 것들(전쟁, 전염병, 경제위기 등)이, 다시 말해 체계가 개선되면 제거될 것처럼 보이는 것들이 사실은 체계 자체의 필연적 산물이라는 것을 입증해주었다는 데에 있다."[12] 라캉의 독창적인 점은 증상을 해소시켜 제거해버려야 하는 것으로 생각하지 않고, 체계에 필연적인 것으로 생각했다는 점이다. 프로이트와 심리 상담은 증상을 해소하는 데에 초점을 맞추는 반면, 후기 라캉은 증

상을 주체에 필연적인 것으로 받아들일 것을 제안한다. 라캉의 증상
에 대한 관점은 공황이 자본주의경제에 필연적인 것이라는 맑스의
관점과 매우 유사하다.

공황-자본의 고착, 증상-리비도의 고착, 물질대사, 환상, 가치, 신용

경제학에서는 성장이 파국을 맞게 되는 순간을 공황이라고
부른다.[13] 에너지와 자본의 과도한 순환이 정지되고 파국을 맞게 되
는 것이다. 공황은 소비가 시장의 과도한 확장과 생산을 쫓아가지
못할 때 발생한다. 기업은 초과이윤을 얻으려고 무한 경쟁을 하고
잉여가치를 늘리기 위해 노동자를 해고하는데, 해고된 노동자들은
구매력이 없기 때문에 사회 전체적으로 볼 때 상품을 사고자 하는
수요가 감소하게 된다. 동시에 상품의 과잉생산과 시장의 과잉 공급이
발생[14]하면서, 상품의 순환이 정지하게 되고 공황이 발생한다. 기업
가는 이윤을 계속 높이려 하지만 이윤율이 감소하는 이윤율 저하 법칙
이 자본주의의 구조 안에 존재하고, 결국 생산-소비의 고리가 끊어
지게 되는 것이다.[15] 호황 때 기업가는 상품이 계속 팔리고 수요가
증가할 것이라는 기대감에 은행으로부터 대출을 받고, 신용은 계속
팽창하고, 가치는 실제보다 부풀어 있는 거품 상태가 된다. 그러다가
과잉생산과 수요 감소로 상품의 판매가 중단되고 신용이 순식간에
무너지고 사람들이 저축을 모두 현금으로 인출하려고 은행으로 몰
려들면서, 부풀려졌던 가치의 거품이 무너져 내리고 공황이 시작된
다. 소화시킬 수 없는 과잉생산의 폭식에 신용의 거품이 늘어나다가 결

1929년 대공황, 월가에 모인 군중들

국 물질대사가 정지해버리는 것은 신체의 물질대사와 유사하다.

　　라캉의 용어로 설명하면 공황은 상징계에서 잉여 향유로서의 상품의 흐름과 신용이라는 환상이 결합되어 만들어지는 복합물이다. 화폐와 신용은 상상계적 측면이 있고, 존재하지 않는 가치에 대한 환상을 만들어낸다. 과도한 흐름과 축적에 의해 상징계의 작동이 정지하면서, 환상의 실체가 드러나고 실재가 분출한다. 이런 과정은 우울증의 정신 질환에서 리비도의 고착에 의해 흐름이 정지되는 것과 매우 유사하다. 공황은 자본주의의 우울증이다.

생산, 소비의 분리, 공황의 필연성

맑스는 공황의 가능성이 상품과 화폐의 유통에 있다고 설명한다.[16] 판매와 구매가 분리되어 있고, 화폐가 지불수단으로 기능하는 것이 경제위기와 공황의 토대가 된다는 것이다. 위기와 공황은 판매/구매, 생산/소비가 일치되는 상태에서는 발생하지 않지만, 둘이 분리되고 화폐에 의한 순환이 발생하면서 필연적으로 발생하게 된다. 맑스는 모든 현실적 공황의 원인은 자본주의적 생산의 충동에 대한 대중의 제한된 소비에 있다고 말한다.[17] 즉 과잉생산과 과소소비의 불균형에 그 원인이 있다는 것이다. 이 둘이 적절한 균형을 이루어서 상품과 화폐가 적절한 순환을 이루면 위기와 공황은 발생하지 않는다. 생산량과 소비량을 일치시키기 위해서는 중세의 자급자족경제로 돌아가거나 완전한 통제 시스템으로 갈 수밖에 없기 때문에 자본주의 체제에서는 공황이 필연적으로 일어날 수밖에 없다는 것이다.

헤겔, 주인과 노예의 변증법

헤겔이 『정신 현상학』에서 말하는 주인과 노예의 변증법과 연관해서 공황을 생각해볼 수 있다. 주인은 자신의 자아상을 확립하고자 노예라는 타인 위에 군림하지만, 주인과 노예의 관계에서 자의식을 갖는 것은 생산과 노동을 담당하는 노예이다. 노예가 주인을 주인으로 인정하지 않으면 주인은 아무것도 아니다. 주인과 노예의 관계는 자본가와 노동자의 관계에 그대로 적용된다. 노동자의 노동과 구매력이 있지 않으면 자본가는 존재할 수 없다. 자본주의사회에서 상품을 구매한다는 것은 상품을 판매하는 사람을 인정한다는 것을 의미한다. 공황이 일어난다는 것은 노동자가 더 이상 상품을 구매할 수 없다는 것이다. 즉 노예인 노동자가 상품의 판매자로서의 주인인 자본가를 인정하지 않는다는 것을 뜻한다. 노동자가 자본가를 인정하지 않을 때, 즉 더 이상 상품을 구매할 수 없을 때, 자본주의의 순환은 정지하고 만다.

자본의 확장, 공간의 확장, 에너지, 주기, 파동

자본주의는 끊임없이 시장을 확장하면서 그 생명을 유지해왔다. 역사 속에서 신흥 세력은 기득권 세력에 대항하여 새로운 공간을 찾아나섰다. 지중해를 벗어나서 암스테르담과 북해로 진출한 신흥 세력, 대항해시대의 유럽인들, 미국으로 진출한 청교도 계층, 미국 서부로 진출한 개척자들, 아시아로 진출한 유럽인들은 항상 공간을 확장하는 방향으로 세력을 확장했다. 공간의 확장은 생산지와 시장의 확보를 겨냥한다. 이런 확장은 생산량을 늘리기 위한 것이면서 동시에 과잉생산을 해소하기 위한 것이다. 대항해시대 이후로 구대륙에서 신대륙으로, 아시아로 생산과 소비를 위한 식민지를 넓혀왔

고, 결국 제1·2차 세계대전은 과잉생산에 의한 고착을 해소하기 위해 시장
을 확장하는 과정에서 비롯된 충돌이라고 해석할 수 있다.

자본주의는 에너지적인 차원에서는 자연의 에너지를 추출해서
사용량을 계속 늘리고, 경제적인 차원에서는 시장을 확장시킨다. 그
런데 에너지의 증가와 감소는 주기적 특성을 갖기 때문에 리듬과 파동
의 성격을 갖는다. 경제나 도시의 성장이 어느 순간에 정지하면서 다
시 하락하고, 어느 순간에 다시 성장하는 것을 반복하는 것이 바로
그것이다. 자본주의의 성장이나 쇠퇴의 리듬이 도시의 확장이나 축
소와 비슷하게 맞물린다는 것을 알 수 있다. 성장이나 쇠퇴 중 한쪽
을 지향해야 한다고 말할 수는 없다. 왜냐하면 성장이나 쇠퇴의 주
기와 리듬은 생명체의 자연스러운 현상이기 때문이다. 이것은 정신
현상에서도 마찬가지이다. 공황이나 증상이 나타나는 것은 생명체
가 호흡을 하는 것처럼 주기와 리듬이 있는 현상이다.

장기 순환 주기, 공황의 해소 방법, 뉴딜 정책, 전쟁

자본주의에서 공황은 주기적으로 발생하는데, 맑스도 그 주
기와 원인을 밝히고자 노력했다. 1922년에 러시아의 경제학자 콘
드라티예프는 자본주의는 40-60년 주기의 장기 순환을 겪으면서 발전
했다고 주장했다. 1차 장기 순환은 1790-1851년, 2차 장기 순환은
1844-1896년, 3차 장기 순환은 1896년에 시작됐고, 1896-1914년의
상승 국면을 거쳐 1914년에 공황으로 하강 국면으로 돌아선 후 다시
상승할 것이라는 것이다. 이 이론은 당시 러시아에서 이단으로 취급

되었고 그는 숙청 당했으나, 최근에 와서 각광받고 있다.[18]

흐름은 일정 정도를 넘어서면 고착되면서 정지하는 파국의 국면으로 돌아서고 공황이 발생한다. 공황을 극복하기 위해, 즉 화폐와 상품의 순환을 다시 가능하게 하기 위해 미국은 뉴딜 정책 같은 공공사업을 통해 고용을 창출하고 소비를 촉진하여 흐름의 순환을 유도하는 방식을 사용했다. 이런 자본주의의 위기와 위기 해소는 에너지의 흐름이 과도할 때 기계가 멈추고, 기계를 다시 작동시키기 위해서 에너지를 조금씩 다시 흐르게 하는 것과 유사하다. 즉 우물물을 퍼올리기 위해서 마중물을 붓고 펌프질을 하는 것에 비유할 수 있다. 한편 1930년대에 독일이 택한 공황 해소의 방법은 파시즘에 의한 전쟁이었다. 전쟁은 소비와 생산을 촉진하여 흐름의 순환을 다시 가능하게 하는 최악의 방법이다.[19]

들뢰즈-과타리, 사회 기계, 자본주의, 고장나면서만 작동한다

들뢰즈와 과타리는 『안티 오이디푸스』에서 '사회 기계'는 고장나면서만 작동한다고 설명한다. 이것은 라캉의 증상, 맑스의 공황을 염두에 두고 설명한 대목이다.

그것[사회 기계]은 고장나면서만 작동한다. … 즉 어떤 사회 기계가 잘 기능하지 말아야 하는 것은 바로 기능하기 위해서이다. … 사회 기계의 극한은 마모가 아니라 고장이며, 사회 기계는 삐걱거리고 고장나고 작은 폭발들을 터뜨리면서

만 기능한다. … 부조화나 기능장애가 사회 기계의 죽음을 알린 적은 한 번도 없었다. 이와 반대로 사회 기계는 자기가 유발하는 모순들, 자기가 초래하는 위기들, 자기가 낳는 불안들, 그리고 자신에게 새로운 힘을 주는 지독한 조작들을 먹고사는 습관이 있다. 자본주의는 이것을 깨달았고, 자기 의심을 멈췄으며, 한편 사회주의자들도 마모에 의한 자본주의의 자연사自然死 가능성을 믿기를 포기했다. 그리고 그것ça[20]은 고장날수록, 분열증화할수록 더 잘 작동한다. 미국식으로 말이다.[21]

인간은 증상을 통해서 시스템 장애가 나타지만 동시에 증상을 통해서 거듭난다. 공황은 자본주의의 고장이고 증상이다. 자본주의라는 사회 기계는 공황을 통해서 작은 폭발들을 일으키면서만 기능하고 계속 거듭난다. 조절이론regulation theory과 사회적 축적 이론은 자본주의가 순환적 위기를 겪으면서 변형될 수 있다는 점을 말한다.[22] 1930년대 공황을 극복하기 위해서 미국은 자유시장경제에 국가의 역할을 강조한 사회주의적인 측면을 가미시켜서, 즉 뉴딜 정책을 통해서 다시 경기를 상승 국면으로 전환시켰다. 1974-1975년의 공황은 시장을 전 세계적으로 넓히고, 보호무역 장벽을 철폐하는 신자유주의를 퍼뜨리면서 해소했다. 자본주의는 때로는 정부 개입을 통해서, 때로는 규제와 경계를 허물고 위기를 극복하면서 변신을 거듭하고 있다. 자본주의는 공황에서 나타난 문제점들을 해결해나가면서 수정되고 진화한다. 자본주의의 카오스인 공황이 자본주의 진화의 열쇠라고 볼 수도 있는 것이다.

흐름의 과잉과 축적, 고착

공황이 화폐와 상품의 순환에 문제가 생긴 것이라면, 증상은 리비도의 순환에 문제가 생긴 것이다. 증상에는 상징계의 억압 아래에 엉켜버리고 과잉 집중된 리비도의 흐름이 있다. 흐름의 과잉과 축적에 따른 고착인 점, 흐름을 구성하는 기표의 연쇄 고리가 끊어진 점은 공황과 증상의 공통점들이다. 과잉 축적이 흐름의 고착인 공황으로 이어지기 때문에 공황을 해소하기 위해서는 고착된 자본의 흐름을 흘러가게 해야 하듯이 증상을 해결하기 위해서는 무의식 속에 숨은 리비도의 고착을 찾아내서 해소해야 한다. 증상이나 공황은 체계를 정지시키는 카오스가 등장하는 것이기도 하지만, 동시에 카오스를 통해서 체계를 진화시키기도 하는 것이다.

증상, 공황, 사건 발생의 근본 이유, <매트릭스>, 네오

증상, 공황, 사건이 일어나는 근본적인 이유는 흐름에 맞지 않는 옷을 입었기 때문이다. 신체와 경제, 사회, 도시는 무한한 에너지의 흐름을 유한한 시스템으로 끌어들여서 자신들을 구성하기 때문에 무한한 흐름과 유한한 시스템의 근본적인 간극에서 증상이 발생하는 것이다. 인간의 불행은 무한을 유한 안에 재현하려 할 때 시작된다. 라캉의 용어로는 주이상스가 언어로 완전히 포섭될 수 없기 때문이고, 바디우의 용어로는 부분집합의 개수가 하나로 셈해진 것에 완전히 포섭될 수 없기 때문이다. 다시 말해 무한한 에너지가 시스템에 완전히 구속될 수 없기 때문이고, 카오스의 무한한 역능이 유한한 질서 체계에 완전히 구속될 수 없기 때문이다.

주이상스, 에너지, 카오스를 완전히 구속하면 강박적인 질서 속에서 파국에 이르기 때문에 시스템을 최선으로 유지하는 방식은 약간의 오류, 즉 증상, 사건, 공황을 주기적으로 발생하게 하는 것이다. 약간의 불안정성은 시스템을 안정되게 만든다. 완전히 고정된 것보다 약간 흔들리는 것이 더 안정적이다. 즉 약간의 카오스가 있을 때 시스템은 더 안정화된다. 이것이 들뢰즈와 과타리가 "사회 기계는 고장나면서만 작동한다"라고 말한 이유이다. 카오스가 전혀 없으면 질서와 억압이 과잉 작동하기 때문에 시스템은 오히려 불안정해진다.[23] 영화 〈매트릭스 2〉에서 프로이트의 모습을 한 아키텍트(매트릭스의 창조 프로그램)가 "적당한 오류가 있는 것이 안정적이고, 완전한 질서는 오히려 안정적이지 못하다"는 말로 설명하고자 한 것과도 같다.[24] 오류 없이 만들어진 세상은 멸망했다. 그래서 시스템의 안정성을 위해서 고의적으로 오류를 넣었는데, 그것이 바로 '네오Neo'다. 네오는 시스템에 주기적으로 발생하는 초과분이자 오류로서의 증상, 사건, 공황이다. 네오는 트리니티와 모피어스의 충실성에 의해서 만들어지는 바디우적 사건이다(〈도식 15〉 참조).

증상 = 사건 = 공황 = 네오

상징계

실재계

도식 15. 증상, 사건, 공황, 네오

시스템 장애, 괴델

영화 〈매트릭스〉에서 상징계의 시스템 장애system failure를 일으킨 네오는 증상, 공황, 사건의 자리이다. 그 자리는 상징계가 고착되고 정지하는 지점이고, 실재가 분출하는 장소이다. 괴델의 불완전성정리에서 모든 공리계에 진위를 구별할 수 없는 명제가 반드시 존재하는 것은 오히려 그것이 공리계를 안정화시키기 때문이다. 사건은 상징계의 고착을 깨고 나오는 실재의 분출, 변화, 혁명을 뜻한다. 사건은 상징계의 고착과 과잉을 해소시킨다. 증상, 공황, 사건을 정리하면 〈표 16〉과 같다.

표 16. 증상, 공황, 사건과 유사한 개념

증상, 공황, 사건, 특이점

실재가 분출하는 지점
상징계 흐름이 고착하는 지점
괴델의 불완전성정리
비트겐슈타인의 "이상 언어는 없다"
<매트릭스>의 네오
시스템 장애

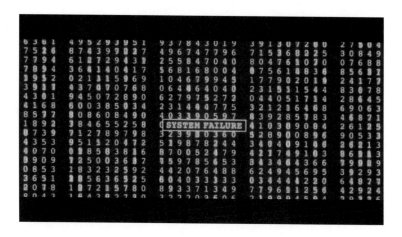

영화 <매트릭스>의 시스템 장애

3장 사건, 공백, 괴델, 예외 상태

증상, 호모 사케르, 아브젝시옹, 희생양, 이질성

증상 개념-사건 이론

증상 개념을 철학적 차원으로 확장시킨 철학자가 바로 알랭 바디우다. 바디우는 라캉이 끝난 곳에서 출발한다고 평가된다. 라캉이 끝난 곳 중 하나는 증상 개념인데, 바디우는 증상 개념을 사건 개념으로 발전시킨다. 바디우의 사건 이론은 라캉의 증상 개념을 정치, 과학, 예술의 분야로 확장시킨 것으로 볼 수 있다. 바디우의 사건은 '내 안에 있는 나를 넘어서는 것'[25] 으로부터 발생한다. 앞에서 살펴보았듯이 바디우는 기존 사회의 체계로 설명이 안되는 부분을 공백이라고 부른다. 상황에 구멍을 내고 균열을 만드는 지점이 공백이다. 바디우는 이것을 백과사전적 체계에 구멍을 낸다고 설명한다. 사건의 자리인 공백의 가장자리는 기존의 체계로는 설명이 되지 않는 지점이다.

표 17. 라캉과 바디우의 개념 비교

라캉	바디우
상징계	상황
증상	공백, 사건
실재	공집합

증상으로서의 예수

상황 속의 공백은 공백의 충실성을 따르는 사람들에 의해서
사건으로 거듭난다. 예를 들면 로마제국 안에서의 예수는 설명되지
않는 공백이다. 바디우는 예수에 충실한 12제자와 사도 바울의 충
실성에 의해서 이들은 주체가 되고 예수는 진리로 거듭난다고 한다.
라캉의 용어로 예수는 증상이다. 증상으로서의 예수는 상징계로서
는 골치 아픈 대상이다. 예수는 바리새인과 사두개인의 경전적 질서
와 로마제국의 질서라는 상징계를 뚫고 나오는 실재의 분출이다.

바디우의 진리, 상대주의

바디우의 진리는 많은 사람이 믿을 때, 즉 충실할 때 성립한
다. 이것은 또 다른 상대주의가 아닐까? 바디우의 진리는 절대적인
기준이 있는 것일까? 라캉과 바디우의 진리는 고정된 실체가 아니
라 자신의 존재와 제도에 대한 자기반성적인 시스템이다. 라캉은 정
신분석에 대해서 끊임없이 의심하기를 제안한다. 바디우는 진리가

충실성에 의해서 만들어지지만, 다수결에 의해서 결정되지 않는다고 말한다. 근대 천문학이 발전하지 않은 16세기까지는 대부분의 사람이 천동설을 믿었다. 다수가 믿고 있었던 지식의 체계에 균열을 내고 등장하는 것이 진리이다. 천동설이라는 지식 체계에 지동설이라는 진리가 등장했을 때 거의 아무도 믿지 않았다. 이는 다수가 믿는 것이 반드시 진리인 것은 아님을 말해준다. 진리는 소수의 사람들에 의해서 지지된다. 같은 이유로 바디우는 다수결에 의해 작동하는 민주주의도 신뢰하지 않는다. 진리는 소수의 혁명적인 사람들의 움직임에 의해서 만들어진다고 믿는다. 바디우의 진리관은 전통적인 진리관과 다르다.

바디우는 포스트모던 상대주의에도 반대한다. 진리란 없고 모든 것이 각자 의미를 갖는다는 상대주의는 결국 민주주의적 유물론인 상품 자본주의로 귀결된다는 것이다. 상대주의는 결국 진리와 가치가 상품 가격에 의해서 결정되는 것을 용인하는 것이다.

불법체류자, 천재, 소수자

다시 공백과 증상의 문제로 돌아가보자. 바디우는 불법체류자를 공백의 예로 들고 있다. 불법체류자는 영토 안에 있지만 등록되어 있지는 않다. 이들은 기존의 등록 체계에서 벗어나 있는 사람들이다. 즉 상황 안에 속해 있지만 완전히 속하지 않은 바깥이다.

예술적 천재들은 사회에서 이방인이나 소수자인 경우가 많다. 랭보, 쇤베르크, 제임스 조이스, 베케트, 스티브 잡스는 시대의 체계를 벗어나는 사람들이었다. 항상 이런 사람들이 시대를 열어젖혔다. 증상이 정신을 (부정적으로 또는 긍정적으로) 재조직하는 것처럼 사건은 진리를 만들고 상황을 재조직한다. 바디우에 의해서 증상, 호모 사케르Homo Sacer, 소수자는 새로운 시대를 여는 사건의 시작점으로까지 승격된다.

호모 사케르, 유태인, 혼돈의 가장자리, 소수자

증상이나 공백과 유사한 개념으로 조르조 아감벤의 호모 사케르를 들 수 있다. 호모 사케르는 로마시대에 죄인으로 낙인찍히고, 깨끗하지 않아서 죽여도 되지만 제물로 바칠 수는 없는 인간을 말한다. 사케르는 저주받았다는 뜻과 역설적으로 신성하다는 뜻을 동시에 가지고 있다.[26] 말하자면 유럽 사회에서의 유태인이나 가톨릭에서 파문받은 사람이 호모 사케르의 대표적인 예이다. 이스라엘 건국 이전의 유태인은 유럽에 흩어져 있었지만 어떤 국가에도 속하지 않았다. 존재했지만 소속되어 있지 않았고 흩어져 있는 민족이었다. 가장 안쪽에 있는 바깥, 그것이 바로 공백, 증상, 호모 사케르이다. 지젝은 유럽 사회에서 유태인이 증상으로 작동했다고 설명한다. 증상이 이질적인 대상으로서 존재를 하나로 묶어주듯이 유태인은 유럽 사회 안에 있는 이질적인 대상으로 유럽인 전체를 하나로 묶어준다. 호모 사케르는 사회에서 추방되어야 하는 이질적 대상이면서 사회를 하나로 묶어주는 역할을 한다. 이들은 사회에 속해 있지만 속해 있지 않은 사람들이다. 프롤레타리아도 일종의 호모 사케르이다. 아감벤은 부르주아만이 유일한 계급이고, 프롤레타리아는 계급의 바깥이라고 설명한다. 호모 사케르는 바디우의 공백이나 라캉의 증상과 매우 유사하다. 호모 사케르는 안쪽에 있는 바깥이며, 창발이 일어나는 혼돈의 가장자리이고, 사건을 촉발하는 특이점이다. 들뢰즈의 소수자 개념도 공백이나 호모 사케르와 유사한 측면이 있다.

지라르, 희생양, 슈미트, 벤야민, 예외 상태

프랑스 철학자 르네 지라르는 '희생양' 개념으로 문명과 사회를 설명하는데, 이 개념은 증상이나 공백 개념과 연관성이 높다. 지라르는 『희생양』에서 사회에는 배제되는 사람들이 항상 존재하는데, 이 배제된 사람들을 중심으로 사회의 결속과 응집력이 생긴다고 주장한다. 희생양들은 죄가 없지만 사회는 그들 모두 죄가 있다고 믿는다. 이 희생양은 내부이면서 외부에 있는 존재다. 이것은 라캉이 대상 a를 설명할 때 말하는 '외밀성extimité' 개념과 매우 유사하다. 외밀성은 내부에 있는 외부의 존재를 가리킨다. 지젝은 몸속의 에일리언을 외밀성의 예로 든다. 지라르는 『폭력과 성스러움』에서 희생양에 대한 폭력이 희생양을 성스러운 것으로 만든다고 설명한다. 이것은 아감벤의 호모 사케르나 바타유의 성스러운 것le sacré에 대한 설명과 일치한다.

발터 벤야민은 칼 슈미트의 개념을 이어받아서 '예외 상태'라는 개념을 설명하는데, 이 개념은 공백이나 증상과 매우 밀접한 연관성을 갖는다. 예외 상태는 법체계 안에서 발생하지만 법 밖에서

법체계를 정의할 수 있는 상태를 말한다. 계엄령 같은 상황이 그 예이다.[27] 예외 상태는 법질서 바깥에 있는 것도 안에 있는 것도 아니며, 사람들이 서로를 식별하지 못하는 구분 불가능한 영역에 있다.[28] 예외 상태는 시스템으로 정의할 수 없지만 시스템 전체를 정의하는 중심이 된다.[29] 벤야민은 법을 정립하는 폭력과 법을 보존하는 폭력을 폭발시켜버릴 수 있는 폭력을 신적 폭력이라고 불렀다.[30] 이것은 순수하고 혁명적인 폭력으로, 증상을 발생시키고 실재를 개방하는 폭력이라고 볼 수 있다.

크리스테바, 아브젝시옹

쥘리아 크리스테바는 상징계에서 받아들여질 수 없는 이물질을 '아브젝시옹abjection'이라는 개념으로 정의한다. 아브젝시옹은 '비천한, 비참한, 버려진'이란 뜻을 갖는 형용사 아브젝트abject의 명사형이다. 아브젝시옹은 라캉의 실재와 증상 개념을 새롭게 변형한 것이다. 사람들은 실재에 대해 두려움과 경외감을 갖듯이 아브젝시옹에 대해 혐오감, 두려움을 갖는 동시에 신성한 느낌을 갖는다. 아브젝시옹은 3부에서 설명할 바타유의 '저주의 몫'이나 '에로티즘' 개념과도 연결된다.

장 뤽 낭시와 모리스 블랑쇼는 '어떤 공동체에도 속하지 않는 사람들의 공동체'로 안과 밖의 경계에 있는 역설적인 상황을 말하는데, 이는 대상 a의 개념과도 일맥상통한다. 이것은 '어떤 집합에도 속하지 않는 원소들의 집합'으로 역설적인 상황을 말하는 버트런드

증상 = 호모 사케르 = 희생양 = 아브젝시옹

도식 16. 증상, 호모 사케르, 희생양, 아브젝시옹

러셀의 역설이 지시하는 것이기도 하다.

20세기의 사유는 상징계의 구멍인 공백, 대상 *a*, 증상을 둘러싸고 구성된다고 해도 과언이 아니다. 그 이유는 이 구멍이 맑스, 니체, 프로이트가 발견한 카오스와 상징계의 코스모스가 만나는 지점이고, 상징계의 새로운 변화를 만드는 지점이기 때문이다. 이상의 내용을 정리하면 〈도식 16〉과 같다. 증상, 호모 사케르, 희생양, 아브젝시옹 개념의 내용이 동일하다는 것이 아니라 작동하는 형식과 구조가 유사하다는 것을 의미한다.

산일구조, 돌연변이, 진화, 창의적 생각, 문명의 충돌

증상, 사건, 공백은 카오스가 개입하는 변신의 기회이다. 창발은 카오스를 동반한다. 고체, 액체, 기체의 상전이에서는 혼돈의 상태였다가 어느 순간 산일구조散逸構造dissipative structure가 발생한다. 혼돈의 가장자리에서 질서가 발생하는 것이다. 다시 말해 혼돈의 가장자리에 있을 때 새로운 상태로의 도약이 용이해진다. 혼돈의 상태가 항상 진화로 이어지지는 않지만 진화는 혼돈의 상태로부터 시작된다. 영화 〈엑스맨〉에서 말하는 것처럼 돌연변이는 진화의 열쇠이다. 진화는 이질적인 요소의 결합에서, 창의적인 생각은 뇌의 서로 다른 부분의 결합에서, 새로운 발명은 문명의 충돌에서 나타나는 경우가 많다. 기존 질서를 깨는 카오스로서의 소수자, 즉 외국인, 노동자, 여성, 아이, 예술가, 천재는 새로운 체제의 열쇠가 된다.

미토콘드리아, 공황

체계 안에서 증상이나 사건이 새로운 시스템의 씨앗이 되는 것처럼 신체 안에 이질적인 것이 침투해서 정착한 사례를 생물학에서 찾아볼 수 있다. 우리 신체 세포의 미토콘드리아는 바이러스가 몸에 침투해서 정착한 사례로 잘 알려져 있다. 이질적 타자가 우리와 함께 공존하는 경우다. 공진화에서 이런 예들을 볼 수 있다.

앞에서 살펴본 것처럼 자본주의에서 주기적으로 나타나는 공황도 같은 역할을 한다. 리비도의 과잉과 고착이 증상으로 나타나듯이 자본의 과잉과 고착은 공황으로 나타난다. 공황은 피하고 제거하고 싶은 것이지만 자본주의의 본질적 속성이고 존재 자체이다. 피할 수 있는 것이 아니라면 제거하려 하기보다는 공존하고 승화하려 해야 한다. 정신이 증상을 둘러싸고 존재하듯이 사회는 호모 사케르와 희생양을 둘러싸고 존재하고, 자본주의는 공황을 둘러싸고 존재한다.

바타유, 초현실주의, 위, 아래, 분변학

1929년 앙드레 브르통은 초현실주의의 핵심 원리에서 벗어나는 사람들을 초현실주의 모임에서 추방하기 시작했다. 브르통은 바타유를 표적으로 삼았다. 브르통은 초현실주의가 합리적 이성이나 현실을 뛰어넘는 해방과 상상력을 향해야 하며, 바타유처럼 "낮은 것, 무형의 것, 더러운 것, 하류의 것, 무용한 것"[31]에 매료되어서는 안 된다고 생각했기 때문이다. 반대로 바타유는 초현실주의surrealism가 현실보다 위에 있는 이상적인 것sur-realism이 아니라 현실보다 밑에 있는 것sous-realism이어야 한다고 생각했다.[32] 바타유는 저 아래의 더러운 것을 향하고 있기 때문에 자신의 학문을 분변학scatologie라고 불렀다.

파시즘, 동질성, 이질성

바타유는 1933년에 발표한 『파시즘의 심리 구조』라는 글에서 파시즘의 발생 원인을 분석한다.[33] 바타유는 『저주의 몫』에서는 생산과 소비의 대립을, 『에로티즘』에서는 연속성과 불연속성의 대립을 말했는데, 이 글에서는 동질성과 이질성의 대립을 주요 개념틀로 사용한다. 동질성이 작동하는 사회는 유용한 것, 생산적인 것, 질서 잡힌 것이 작동하는 사회다. 반대로 이질성이 작동하는 사회는 무용한 것, 비생산적인 소비, 카오스가 넘쳐나는 사회다. 라캉의 용어로 동질성의 사회는 상징계, 이질성의 사회는 실재계에 해당한다.

통약 불가능, 더러운 것

동질성은 유용성의 원리를 따르고, 이질성은 유용성이나 동질성으로 환원 불가능한 것을 말한다. 이질적인 것은 수학적으로 말하면 공통분모를 가지지 않기 때문에 통약 불가능incommensurable[34]하고, 상징계의 체계 안에서는 재현되지 않고, 쓸모없는 것으로 판단되어 체계 바깥으로 밀려나는 것이다. 바타유가 말하는 더러운 것, 무형의 것, 맑스의 프롤레타리아, 프로이트의 무의식, 라캉의 실재와 일맥상통한다. 동질적 사회는 이질적인 것을 배제하기 위해 규범, 경찰, 군대, 국가 등의 통제 권력을 필요로 한다. 이질적인 것을 배제하면서 동질성이 지켜지고, 동질성의 결속력이 커진다. 이것은 지젝이 '증상'으로서의 유태인을 배제함으로써 유럽의 결속력이 강해졌다고 지적한 것이나, 지라르가 학급이나 직장에서 특정인을 '희생양'으로 배제하고 따돌리면서 전체가 결속하는 현상을 말한 것과 유사하다. 동질성은 이질성을 배재하면서만 존재한다고 할 수 있다.[35] 바디우의 불법체류자는 사회에 등록되지 않은 이질적 존재로서 사회를 변화시키는 사건의 원동력이 된다. 이질성만이 사건을 일으키고, 역사를 변화시킬 수 있다. 바타유가 쓸모없는 것, 낮은 것, 더러운 것을 역사를 움직이는 주요한 원동력으로 해석하고, 자신의 연구를 분변학이라고 말하는 것은 이런 맥락에서다.

표 18. 이질성/동질성, 실재계/상징계

이질성	동질성
실재계	상징계
무용성	유용성
연속성	불연속성
통약 불가능	통약 가능
카오스	코스모스
비합리성	합리성
무의식	의식

과잉 에너지, 변화, 혁명, 파시즘

『저주의 몫』의 관점에서 볼 때 이질성은 과잉 에너지에 해당한다. 과잉 축적된 에너지를 해소하지 못하면 체제는 내부에서 파열하고 만다. 제1·2차 세계대전은 과잉 축적된 상품을 판매할 시장을 찾지 못해 열강들이 충돌하면서 발생한 전쟁이었다. 노동자, 이주민, 소수자는 이질적인 것이고, 과잉 에너지에 해당한다. 이 에너지를 적절한 변화의 계기로 사용해야 사회 변화를 이루어낼 수 있다. 사회 주변부에 있던 과학자들이나 예술가들이 사회를 변화시키는 것이 그 경우다. 이런 과잉 에너지가 해소되지 못하고 쌓이다가 폭발하면 사회체제를 뒤엎는 전복적 혁명으로 나타난다. 프랑스대혁명, 68혁명이 대표적인 사례이다.

바타유는 파시즘이 이런 과잉 에너지를 절묘하게 흡수함으로써 전복적 혁명의 가능성을 차단했다고 해석한다. 파시즘이 사회에서 응집력을 발휘할 수 있었던 것은 20세기 전반의 다양한 이질성을 통합했기 때문이다. 공산주의는 노동자를 겨냥하고 군주제는 빈곤층을 배척한 반면 파시즘은 다양한 이질적 계층을 통합시켰다. 바타유는 파시즘이 과잉 에너지와 이질성을 체제를 변혁하는 혁명적 방식으로 사용하지 않고, 기존 체제로 다시 복귀하는 반동적 방식으로 사용했다고 본다. 그리고 파시즘이 과잉 에너지와 이질성을 다른 방식으로 소모하고 해소했다면 대중들의 그런 열정적인 호응을 받지 못했을 것이라고 본다. 하지만 바타유는 이런 과잉 에너지가 다른 방식으로 해소되어야 한다고 생각한다.

주권, 유용성을 넘어선 삶

바타유는 '주권'을 말한다. 주권은 동질적 사회 안에서 기계처럼 생산물을 만들고 생산을 위한 소비를 하는 것이 아니라, 생산으로 환원되지 않는 비생산적인 소비를 할 수 있는 권리이다. 주권적 삶은 "유용성을 넘어선 삶",[36] 증상을 받아들이는 삶, 실재를 마주하는 삶을 뜻한다. 바타유의 주권적 삶은 상징계의 요구와 욕망을 넘어선 삶을 사는 것이다. 이것은 단순한 사치나 낭비라기보다 타인에게 과시하기 위한 사치조차도 넘어선 삶, 즉 상징계가 제시하는 욕망을 넘어선 삶이라고 할 수 있다.

피로사회, 클리나멘, 탈주선, 서퍼, 유도선수

피로사회, 성과사회는 수로화된canalisé 선들로 매끈하게 조직
된 사회이기 때문에 공백이나 사건이 생길 가능성이 매우 적다. 피
로사회는 흐름으로 만들어져 있지만 실재의 흐름처럼 무제한적 가
능성의 흐름을 지닌 것이 아니라 수로화된 흐름으로 만들어진 길들
여진 사회이다. 이 흐름에서 벗어나는 것이 에피쿠로스학파의 클리
나멘clinamen이고, 들뢰즈의 탈주선ligne de fuite이며, 바디우의 사건이
다. 상징계에 속지 않는 자가 길을 잃듯이 상황의 질서에 순응하지 않는
자가 사건을 발생시킨다. 공백의 여지가 거의 없는 후기자본주의사회
는 흐름을 서퍼surfer처럼 올라타거나 유도선수처럼 활용해서 상대를
쓰러뜨리라고 한다. 하지만 탈영토화된 흐름까지도 다시 재영토화
하는 것이 바로 자본주의의 무서움이다. 이런 상황에서도 증상의 출
현과 실재의 귀환을 기다리는 철학자들이 있다.

4장 헤테로토피아,
전염병, 도시의 증상

비정상, 카오스, 도시의 확장과 파국

푸코, 헤테로토피아

기존의 지식 체계로 분류되지 않는 증상, 사건, 공백에 해당하는 지점을 건축과 도시에서는 어떻게 찾을 수 있을까? 그 단서를 미셸 푸코의 헤테로토피아heterotopia 개념에서 찾을 수 있다. 헤테로토피아는 hetero(이질적)+topia(땅)의 합성어이다. 헤테로토피아는 다른 곳, 이질적인 곳, 낯선unheimlich 곳을 뜻한다.[37] 헤테로토피아는 사회에 존재하는 규범적 공간에서 벗어난 공간을 말한다. 즉 사회 안쪽에 있지만 바깥에 있는 공간이다. 구체적으로 어떤 공간이나 장소가 헤테로토피아인가? 푸코가 들고 있는 예들은 사창가, 묘지,[38] 감옥같이 일반인이 접근하기 꺼려하는 공간, 휴양촌, 양로원같이 자주 방문하기 어려운 공간, 천막극장, 시장, 서커스장, 마을 변두리 공터의 좌판같이 일시적으로 존재하는 장소, 터키탕같이 정결한 의식을 위한 곳이다.[39] 헤테로토피아는 시대에 따라서, 개인에 따라서 다르게

파리 몽파르나스 공동묘지. 도시의 공백으로서의 헤테로토피아를 잘 보여준다.

정의된다. 시대에 따라 또는 개인의 연령대에 따라 규범이나 기준이
다르게 규정되기 때문이다. 어린이들에게는 사소한 놀이들, 지붕밑
다락방, 정원 깊숙한 구석, 인디언 텐트, 부모의 침대가 헤테로토피
아다.[40] 다락방은 어린이들에게는 헤테로토피아이지만 어른들에게
는 그렇지 않다. PC방은 중고생들에게는 헤테로토피아이지만 어른
들에게는 더이상 그렇지 않다.

　　헤테로토피아는 "우리가 살고 있는 공간들에 대한 이의제기"[41]
이고, "가능한 질서의 수많은 조각을 반짝거리게 만드는 무질서"[42]이다.

푸코가 헤테로토피아를 발견할 수 있었던 것은 그 자신이 소수자로서 이성과 계몽의 어두운 이면인 광기, 권력, 성, 위반, 바깥에 지속적으로 관심을 가졌기 때문이다. 헤테로토피아는 도시의 이질적인 지점이고, 도시 안쪽에 있는 바깥이자 도시의 공백으로서 사건의 촉발점이 된다. 그런 측면에서 헤테로토피아는 아감벤의 호모 사케르나 바디우의 공백 개념과 유사한 측면이 있다.

이데올로기, 아우라, 유토피아, 타자와 바깥이 사라진 사회

한병철은 현대사회가 타자와 바깥이 사라진 사회라는 것을 지적한다.[43] 견고한 것이 다 녹아버린 자본주의사회에서는 더이상 진정한 타자나 외부란 존재하지 않는다. 공산권 몰락 이전의 세상과 비교해보면 명확하게 알 수 있다. 신 중심에서 인간 중심으로 전환된 르네상스에서부터 이상 도시에 대한 그림이 등장했고, 계몽시대에는 『실낙원』, 『유토피아』 등의 저서가 나왔다. 즉 천국이 아니더라도 현실에서 다른 사회를 꿈꾸었던 것이다. 19세기 말부터 이상주의자들과 건축가들은 이상 도시안을 앞다투어 내놓았고, 1960-70년대에는 건축가들이 미래도시를 계획했다. 냉전 시대에는 서로 상대방의 진영에 대해서 알지 못하는 만큼 환상과 동경이 있었고, 서로가 생각을 자극하는 타자로서 작동했다. 거리감으로부터 아우라가 만들어지고, 정보 부족으로부터 이데올로기의 환상이 만들어졌다. 하지만 공산권 붕괴 이후에는 모든 견고한 것이 자본 안에 녹아내리면서 세상이 경계 없는 '매끄러운 공간'이 되어버렸다. 더이상 신비한 이데올로기나 아우라가 존재하지 않고, 우리가 알지 못하는 바깥의 세계나 진정한 타자는 사라졌다. 억압이나 감시는 개인의 내부로 내면화되었고, 흐름만이 존재하는 투명한 세계가 되었다. 바디우는 백과사전적 상황에 구멍을 내야 한다고 말한다. 공백, 사건, 바깥, 타자의 개념이 중요한 이유는 그것들이 빈틈없이 짜인 세상에 변화와 사건을 촉발하는 지점이기 때문이다. 그 지점이 바로 혼돈의 가장자리이고, 실재가 분출하는 지점이다.

도시의 확장, 도시의 파국

도시에 새롭게 공급되는 에너지는 재화, 자본, 인구이다. 그것이 공급되는 방식은 기술을 통해서 확대된다. 배, 기차, 자동차, 비행기는 그 흐름을 강화시킨다. 과도한 에너지를 어떤 방식으로든 해소하지 않으면 공황이나 증상이 발생한다. 도시에서 과도한 에너지를 해결하는 가장 쉬운 방법은 도시를 계속 확장하는 것이다. 산업혁명 이후 인구가 과도하게 도시로 집중되고 여러 사회문제가 발생했다. 이러한 문제를 해결하기 위해 20세기 초에 실행한 대책은 도시를 확장하는 것이었다. 이전의 도시는 마차의 이동에 맞는 크기였다. 이후로는 기차의 이동 거리에 맞게 도시를 확장하면서 에너지의 과잉이 어느 정도 해결되었다. 20세기 후반에 다시 한번 재화, 자본, 인구의 과잉과 집중이 일어나고, 인구 증가와 운동성의 과잉을 해결하기 위해서 자동차의 이동 거리에 맞게 도시를 확장한다. 미국 도시의 교외화는 바로 이런 에너지 과잉을 해결하기 위한 현상이다.

대량생산 대량소비 체제는 긴 출퇴근 시간, 교외의 개인 주택, 쇼핑
몰을 중산층의 로망으로 받아들이게 했다. 하지만 교외를 향한 도
시의 확장으로 1960-70년대에는 도심이 황폐화되고 공동화되는 현
상이 발생한다.[44] 원거리 이동과 대량소비는 에너지 차원에서도 엄
청난 낭비다. 도시의 확장은 넘쳐나는 과잉 에너지를 소비하기 위한 방편인
것이다. 이런 도시의 파국은 공황이나 증상과 비교해서 생각할 수
있다. 흐름의 과도함에 의해서 공황이라는 파국을 맞게 된 후 경제
성장이 둔화되고 저성장으로 돌아서는 것처럼 도시도 확대되는 것
을 멈추고 도심의 밀도를 높이는 방향으로 돌아선다. 1990년대부터
등장하는 컴팩트 도시, 보행 도시가 그런 경향이다.

표 19. 에너지의 수축과 팽창에 따른 도시 형태와 생산방식

경제성장	고성장	도시 확장	자동차 도시	대량생산 대량소비
경제 둔화	저성장	도시 축소	보행 도시	다품종 소량 소비

상전이, 『국가에 대항하는 사회』

　1권에서 살펴보았듯이 원시사회, 전제군주사회, 자본주의사
회로 이행할 때 각 전환점에서는 마치 얼음, 물, 수증기의 상전이에서
일어나는 현상처럼 과잉 에너지의 축적을 억압하는 저항이 존재한
다. 프랑스의 인류학자 피에르 클라스트르가 『국가에 대항하는 사
회』에서 설명한 인디언 사회에서 과잉생산을 억제한 것이나 송나라

에서 상업과 광산업을 억제한 것이 그런 저항이다. 다음 단계로 나아가기 위해서는 온도가 오르지 않고, 에너지가 과잉으로 응축되는 단계가 필요하다. 과잉 에너지의 축적은 파국을 초래할 수도 있고, 다음 단계로 이행하게 할 수도 있다. 현대 자본주의는 파국을 맞이하느냐, 다음 단계로 이행하느냐의 기로에 서 있다. 생태적 관점에서 볼 때 흐름을 가속화하는 것도 흐름의 축적과 과잉을 해소하여 파국을 피하고 다음 단계로 이행하는 것에 저항하는 것이다. 양적 팽창이 질적 변화로 전환될 때 강한 저항이 존재하는데, 전쟁이나 혁명 같은 파국 없이 시스템이 변화하는 것은 드문 일이기 때문이다. 사회의 전환점에서 흐름을 가속화하는 역할을 하는 것은 기술의 혁신과 공간의 확장이다. 바퀴, 증기기관, 통신수단은 흐름을 가속화하고, 신대륙의 발견은 흐름을 펼칠 공간을 확장한다. 현대의 인공지능, 로봇, 가상공간도 흐름의 가속화의 강한 추동력이 된다.

노숙자, 달동네, 균열, 봉합, 도심공동화, 전염병

도시의 노숙자와 소외계층은 외부의 이방인들로 보이지만 우리 안에 있는 사람들이다. 앞에서 말했듯이 라캉은 대상 a나 증상을 설명할 때, 외부exterieur와 내밀함intimité의 합성어인 '외밀성extimité'이란 용어를 사용했다. 즉 외밀성은 내부에 있는 외부의 존재를 말한다. 노숙자와 소외계층은 사회적 증상이나 외밀한 존재로 볼 수 있다. 이들이 거주하는 야외 공간이나 달동네, 저소득층 거주지는 도시가 기피하는 지역이다. 하수처리장, 쓰레기처리장 같은 기피 시설과 함께 도시에서 나타나는 증상이라고 볼 수 있다. 기존의 도시 체계에 속하지 않아 골치 아픈 지역들이 도시의 증상이자 사건의 장소 인 것이다.

19세기 말 런던에 지방 인구가 노동자로 유입되면서 만들어 진 불법노동자 거주지는 인구 과밀과 전염병을 유발했다. 이곳은 사건 의 장소였고, 그에 대한 해결책으로 20세기 초에는 건물 간격이 넓 고 건물이 흩어져 있는 근대도시 유형이 제시된다. 19세기 말 전원 도시계획안도 도심 집중과 과밀에 대한 해결책이었다.

공백이 사건의 장소이듯이 도시에서 문제의 장소는 사건을 유발한다. 도시에서 문제의 장소는 도시 상징계의 균열이다. 이에 대한 새로운 해결책은 기술과 결합하면서 상징계에 난 균열을 봉합 한다. 로마의 수도교, 파리의 하수도, 중세의 성벽, 뉴욕의 전기, 엘 리베이터, 철골, 콘크리트, 캘리포니아의 에스컬레이터, 자동차가 바 로 균열을 봉합하는 기술들이다. 문제는 사건을 만들고, 사건은 해 결책을 불러일으킨다. 도시 밀집은 자동차를 이용하는 도시 확장으 로 해결되고, 경제 축소는 도시 재생을 통한 도심 고밀화로 해결된 다. 상징계는 새로운 기술로 균열을 봉합하지만 끊임없이 또 다른 균열 이 생긴다. 도시 확장에 따른 도심공동화, 고층 건물의 건축으로 인 한 교통체증, 고가도로 건설로 인한 슬럼 지역 출현 등이 그런 예이 다. 증상은 그 도시의 실재가 상징계를 뚫고 나타나는 현상이다. 해 소하거나 봉합할 수도 있지만, 증상은 도시의 존재를 나타내기 때문 에 섣불리 봉합하기보다는 우회, 동행, 공존하는 자세가 필요하다.

도시에 주기적으로 나타나는 전염병pandemic도 증상의 대표

적인 사례다. 전염병은 도시라는 상징계를 뚫고 나오는 자연이라는
실재의 귀환이다. 백신으로 봉합하여 해소하는 것도 중요하지만, 더
근본적으로는 자연에 대한 인간의 태도를 바꿔야 한다. 전염병은 오
만한 상징계가 자신을 확장하고 실재의 흐름을 착취하며 과잉 축적
한 결과 자연이라는 실재가 상징계를 뚫고 나오는 증상인 것이다.
불법 거주지, 교통 문제, 도심공동화 등의 도시문제도 같은 관점에
서 볼 수 있다. 이런 문제들은 상징계의 과도한 확장과 축적에 대해
실재가 귀환하는 증상이다. 따라서 기술적 봉합도 중요하지만 생태
적으로 접근하는 관점 자체의 전환이 요청된다. 인공과 자연, 코스
모스와 카오스가 공존할 수 있는 방안을 찾아야 하는 것이다.

죽음의 상태, 도시의 확장과 축소

증상으로 나타나는 반복강박 현상이 있다. 트라우마가 반복
되어 트라우마에 익숙해짐으로써 평화로운 상태로 돌아가기 위한
것이다. 프로이트는 고통스러운 트라우마를 계속 반복하는 것을 죽
음충동 때문이라고 말한다. 증상이 괴로운 것인 줄 알면서도 고통스
러운 증상을 계속 반복하는 것은 무한히 평화로운 죽음의 상태로 접
근하기 위한 것이라고 볼 수 있다. 극단적으로 생각해보면 도시가
확장하고 축소하기를 반복하는 것도 이런 죽음의 상태, 열반의 상태
에 도달하기 위한 시도로 해석할 수 있다. 생명의 에너지를 최소화
하는 것을 죽음충동으로 본다면, 도시는 에너지를 해소하여 엔트로
피를 낮추고 평화로운 상태에 도달하려는 죽음충동과 에너지를 집

중시켜 확장하려는 네겐트로피의 생의 충동을 오가는 리듬 안에 있
는 것이다.

City as Event

1장   저주받은 몫, 에로티즘, 카오스모스

바타유, 과잉, 소모, 죽음충동, <매트릭스>

잉여생산물, 포틀래치, 저주의 몫, 일반 경제학

바타유는 과잉생산과 축적, 소비에 대한 뛰어난 통찰을 보여준다.[1] 그는 『저주의 몫』에서 과잉과 축적의 문제에 대해 지구적 차원에서 접근했다. 지구는 태양에너지를 받아들여 생명체를 자라게 한다. 지구는 생명을 성장하게 하고 남은 과잉의 에너지를 축적하지 않고 방출해버린다. 만약 지구가 과잉의 에너지를 지구에 모아둔다면 지구는 폭발할 것이다. 바타유는 이런 관점을 사회에도 적용했다. 그는 원시사회가 잉여생산물을 축적하지 않고 의도적으로 해소하려는 것에 주목했다. 1권에서도 살펴본 포틀래치portlach는 다른 부족에게 잉여생산물을 선물하는 것이다. 포틀래치는 물물교환이 아니라 증여나 선물의 개념이었고, 다른 부족에게 부나 권력을 과시하는 측면도 있었다. 생산물을 신에게 바치는 제물로 태워버리는 희생 제의는 잉여생산물을 처분하는 또 다른 방법이었다. 과도하게 축적된

포틀래치 의식

잉여생산물은 '저주받은 몫'으로, 이것을 처분해버리지 않으면 사회
는 과도한 에너지를 감당하지 못하고 지구가 폭발하듯이 외부로 계
속 확장하여 결국 전쟁에까지 이르게 된다는 것이다. 바타유는 이렇
게 에너지의 차원에서 사회와 경제를 해석하는 것을 1권에서 말했
듯이 일반 경제학이라고 이름 붙였다.

축적, 비생산적 소비, 소모

자본주의사회는 잉여생산물과 자본의 무한한 축적을 바람직한 일로 생각한다. 생산물은 부패할 위험이 있지만, 돈은 무한한 양을 오랜 시간 축적해둘 수 있다. 자본주의는 재화의 획득을 신의 축복으로 생각한다. 하지만 바타유는 그렇게 생각하지 않는다. 필요한 것 이상을 축적할 경우에 어떤 방식으로든 그것을 해소해야 하는데, 자발적으로 해소되지 않을 때는 결국 전쟁과 같은 극단적인 방법이 동원된다는 것이다. 바타유는 제1·2차 세계대전도 과도한 축적이 극단적으로 해소된 경우로 본다. 상품 생산을 위한 원재료와 노동력을 확보하고 과잉생산된 상품을 팔기 위한 시장을 찾아서 전 세계 규모로 식민지를 확장했고, 이런 확장이 세계대전을 촉발했다. 결국 과잉생산된 생산품들이 전쟁에 투입되어 소비된 것을 생각하면 과잉에너지가 '저주의 몫'이고, 과잉을 해소하기 위해서 전쟁이 일어난다는 바타유의 주장은 설득력이 있다. 바타유는 과잉을 강제적으로 해소하는 전쟁을 막기 위해서는 미리 다른 방식으로 과잉을 해소해야 한다고 말한다. 앞에서 말한 원시사회의 포틀래치나 희생 제의가 그런 방법이라는 것이다. 바타유는 이것을 1권에서도 살펴보았듯이 생산적 소비인 소비consommation와 대조되는 비생산적 소비인 소모dépense라고 부른다. 소비는 생산에 대립되는 개념이고, 목적을 전제로 한 사용 행위이다. 반면 소모는 목적 없이 축적된 것을 없애는 것이고, 비생산적인 행위이다. 근대사회에서 죄악시했던 낭비를 바타유는 긍정적으로 본 것이다.

증여, 마셜플랜

바타유의 소모 개념은 마르셀 모스의『증여론』에서 영감을 받은
것이다. 앞에서 말한 포틀래치는 대가 없이 주는 것이기 때문에 소모
라고 볼 수 있다. 현대에는 증여나 기부도 소모의 형태로 볼 수 있다.
과도한 축적을 해소하는 방식인 증여나 기부는 과시의 성격도 있다
는 점에서 포틀래치와 유사하고, 유기체에서의 배설과도 연결 지을
수 있다.[2] 사치품이나 명품을 사는 것도 어떻게 보면 소모로 볼 수
있으나, 바타유의 소모는 축적이 다른 형태로 바뀌는 것이기 때문에
증여와 더 가깝다.

바타유의 주장은 상품의 잉여 생산과 자본의 과잉 축적이 자
본의 흐름을 고착시키고 결국 전쟁이나 공황을 발생시키기 때문에
소모를 통해 과도한 축적을 해소해야 한다는 것이다. 그렇다면 사회
적 측면에서 소모는 어떤 것일까? 바타유는 마셜플랜을 대표적인
사례로 든다.[3] 1권에서 자세히 보았듯이 마셜플랜(1947-1951)은 제2
차 세계대전 후 미국의 원조로 이루어진 유럽 경제부흥 계획을 말한
다. 이는 미국의 시장이 될 여력이 없었던 유럽의 경제 상황을 개선
하기 위한 것으로, 미국의 유럽에 대한 무상 증여는 결국 미국의 시장 확
장을 위한 것이었다고 볼 수 있다. 하지만 바타유는 이를 국내경제
차원에서 세계경제 차원으로 눈을 돌리고, 미국 내의 과잉 축적된
자본을 지혜롭게 '소모'한 대표적 사례로 본다. 이와 비슷한 사례로
현대 복지국가의 기본 수당이나, 빈곤 국가에 대한 선진국의 무상원
조를 들 수 있다.

과잉 축적과 고착의 해소, 흐름의 순환

바타유의 소모 개념은 과도한 축적을 막고, 잉여를 해소한다는 것이다. 이것을 흐름의 관점에서 생각하면 더 명확하게 이해할 수 있다. 우리는 앞에서 리비도가 과잉 고착될 때 증상이 발생하는 것을 살펴보았다. 또한 상품의 과잉생산과 자본의 과잉 축적으로 공황이 발생하는 것도 살펴보았다. 바타유의 관점에서는 잉여 생산의 과잉 축적이 전쟁을 발생시킨다. 이런 현상들은 공통적으로 흐름이 고착될 때 발생하는 결과들이다. 이런 고착이 해소되어야 한다는 것이 바타유의 주장이다.

다시 정리하자면 강도와 흐름 자체인 자연, 실재, 카오스의 상태가 있고, 이 상태가 응축, 집중, 억압, 축적, 절단되면서 상징계, 문명, 질서의 체계로 변형된다. 이런 응축, 집중, 억압 등이 과도해질 때 다시 자연, 실재, 카오스로 돌아가려는 힘이 강하게 작동하는데, 그것이 죽음충동이다. 전쟁은 죽음충동이 사회적으로 나타난 대표적인 경우다. 극단적 형태로 실재가 범람하는 죽음충동을 경험하지 않으려면 축적된 자본, 억압된 리비도를 적당히 흘려보내서 순환을 만들어야 한다는 것이 소모 개념의 핵심이다.

축제, 예술, 기념물, 스포츠, 도박, 성, 장례, 사치, 종교의식, 위반, 잉여 주이상스

바타유는 사회에서 과잉 에너지의 집중을 해소하는 방법들로

축제, 예술, 거대 기념물 건조, 스포츠, 도박, 성, 장례, 사치, 종교의
식[4]이 사용된다고 말한다. 이런 것들은 과잉 축적된 에너지를 조금
씩 흘려보내 실재가 갑작스럽게 범람하는 것을 지연시키고 흐름을 순환시
키는 방법들이다. 이런 행위들은 생산의 관점에서 볼 때 별로 도움이
되지 않고, 소비의 관점에서도 사용이나 유용성을 전제하지 않은 비
생산적 소비이다. 이런 비생산적인 행위들이 생존을 위해서 꼭 필요
한가라는 의문을 가질 수 있다. 하지만 앞에서 보았듯이 이런 행위
들이 없으면 억압되고 축적된 과잉 에너지가 어느 순간 폭발할 수
있다. 즉 바타유는 '쓸데없는 것'의 사회적 가치를 밝혀냈다고 말할 수
있다.

비생산적 행위들은 공통적으로 기존 질서에 대한 위반을 동
반한다. 거대한 위반은 기존 질서를 붕괴시키는 하나의 증상으로서
주이상스와 실재를 귀환하게 할 수 있다. 하지만 축제, 예술 같은 작은
위반들은 기존 질서를 붕괴시키지는 않으면서 잉여 주이상스를 제공한
다. 사회에서 제공되는 잉여 주이상스들은 사회를 붕괴시키지 않고
실재의 귀환을 지연시킨다. 〈도식 17〉을 보면 소모는 상징계의 질서
체계로부터 벗어나서 실재계로 향한다. 뒤에 나오는 〈도식 18〉의 위
반도 마찬가지다. 위반이 쾌락을 발생시키는 것은 질서로부터 벗어
나는 것이 주이상스를 향하고 있기 때문이다.

에로티즘, 연속성

바타유는 『에로티즘』과 『종교 이론』에서 일반 경제학의 관점

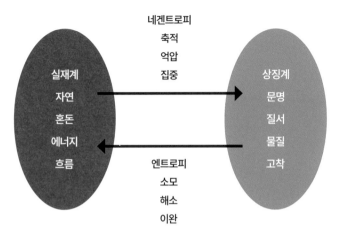

도식 17. 바타유, 축적과 소모

을 성과사회 전반으로 확장시킨다. 에로티즘은 번식을 위한 성교 이외의 행위를 말한다. 바타유의 용어로 생식이 생산적 소비라면 에로티즘은 목적 없는 비생산적 소비에 속한다. 프로이트의 용어로 생식은 동물과 인간이 공유하는 욕구와 본능의 영역인 반면 에로티즘은 인간 고유의 욕망과 충동의 영역이다. 에로티즘은 엄격하게 말하면 생존이나 번식과는 상관없는 '쓸데없는 것'이다. 인간은 왜 이 쓸데없는 것을 반복하는 것일까? 바타유는 그 이유를 연속성에 대한 열망에서 찾는다. 인간은 개체로 나누어져서 존재가 분할되어 있는데, 성교를 하는 순간만은 하나로 연속되는 감정을 갖게 된다는 것이다. 즉 남자와 여자로 분할되기 이전의 원초적인 상태로 돌아가려는 욕망이 에로티즘으로 발현한다는 것이다. 분할되기 이전의 상태를 라

캉은 실재라고 부른다. 상징계가 법, 규율, 금기에 의해 분할된 상
태인 반면, 실재는 상징계 이전의 원초적인 상태이다. 흐름과 강도
만이 있는 실재는 죽음의 세계이기도 하다. 바타유는 프랑스어로
사랑amour이 죽음mort과 관련 있음을 지적하고, 오르가즘이 '작은 죽
음petit mort'을 뜻한다는 것을 강조한다. 에로티즘의 절정에 도달한
다는 것은 죽음을 경험하고 돌아오는 것이라는 것이다. 라캉의 용어로
는 상징계를 벗어나서 실재를 경험하고 돌아오는 것이다.

열반 원리, 죽음충동, 종교적 체험

프로이트는 분할 이전의 상태로 돌아가고자 하는 충동을 죽음
충동이라고 불렀다. 그는 죽음충동을 모든 번뇌와 고통 이전의 열반
에 도달하는 것과 같다고 하여 열반 원리라고도 불렀다. 실재는 칸트
의 물자체나 기독교의 신과 비교된다. 바타유는 에로티즘이 종교의
체험과 다르지 않다는 것을 지적한다. 에로티즘과 종교적 절정 모두 실
재를 경험하는 것이기 때문이다.[5]

실재는 유기체로서의 삶의 영역인 상징계 이전의 죽음과 생
명 그 자체의 상태이다. 이런 실재 개념이 죽음과 생명이 대립한다
고 보는 통념에 어긋난다고 생각할 수 있다. 하지만 유기체는 혼돈
이자 무한한 에너지의 상태로부터 나와서 질서 잡힌 상태로 일정 기
간 살다가 다시 무한한 에너지의 상태로 되돌아간다. 이를 생각해보
면 생명의 흐름이 유기체의 죽음과 멀지 않다는 것을 이해할 수 있
다. 바타유에게 에로티즘은 금기와 분할 이전의 원초적 상태로 돌아

간다는 점에서 종교적 체험과도 멀지 않고, 죽음과도 멀지 않다.

응축/이완, 에로스/타나토스

　에로티즘은 바타유의 일반 경제학과 어떤 연관성이 있을까? 과잉 집중된 에너지의 해소라는 점에서 에로티즘과 소모의 공통점을 찾을 수 있다. 바타유는 사회적 차원에서 과잉 에너지를 해소하는 방식으로 포틀래치, 증여를 사용했다면, 개인적 차원에서는 과잉 에너지를 에로티즘으로 해소한다고 본다. 분할 이전의 연속성을 지향하는 방향이라는 점에서 엔트로피증가법칙을 따르는 것이다. 앞에서 말했듯이 사회는 과잉 축적된 에너지가 폭발하는 것을 막기 위해서 축제, 예술, 거대 기념물 건조, 스포츠, 도박, 성, 장례, 사치, 종교의식을 통해 이를 해소하는 방식을 마련하고 있다. 이런 행위들은 기존의 금기를 잠시 해제시키는 것인데, 금기 이전의 상태를 경험함으로써 금기의 존재를 더욱 확실히 인식하는 효과도 준다. 바타유의 『저주의 몫』과 『에로티즘』은 동일한 세계관을 경제와 정신분석에 적용한 것이다. 바타유에 의하면 사회는 에너지의 응축과 이완으로 설명될 수 있다. 라캉의 용어로는 이것을 실재와 상징계 사이의 금지와 해소의 왕복운동으로 해석할 수 있다. 프로이트는 이것을 에로스와 타나토스, 즉 생의 충동과 죽음충동의 운동이라고 말한다. 이것은 흐름의 매듭이 묶이고 풀리기를 반복하는 우주와 생명의 운동이다. 이를 정리하면 〈도식 18〉과 같다.

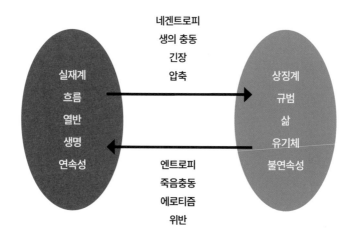

도식 18. 생의 충동, 죽음충동, 연속성, 불연속성

현대사회, 시간적-공간적-사회적 소모, 실재 범람의 지연

현대 자본주의사회에서는 흐름이 과도해지고 자본의 과잉 축적이 증가한다. 과도한 축적이 주기적인 증상으로 나타나는 것이 공황이다. 바타유에 따르면 응축된 에너지를 흘러가게 하는 소모가 필요하다. 사치품을 대량 구매해야 한다는 뜻은 아니다. 사치품 구매도 결국은 축적으로 이어지기 때문이다. 증여, 기부 같은 목적 없는 비생산적 소비가 요청된다. 세금을 걷어서 보조금 형태로 분배하는 것 역시 일종의 에너지 분산의 방법으로 볼 수 있다.

사회에서는 이미 여러 가지 소모를 통해서 에너지를 분산시키는 방법을 실행하고 있다. 휴일, 휴가, 축제는 시간적인 소모다. 이런 시간은 사회적 생산에 도움이 되지 않는 목적 없는 시간으로 보이지만 과도한 에너지의 응축을 해소한다. 이 시간은 소비의 시간으로, 장기적으로 볼 때 마셜플랜처럼 생산으로 연결되는 흐름을 촉진한다. 불법체류자, 노숙자들은 사회적 소모로 볼 수 있다. 이들은 호모 사케르로서, 바타유에 따르면 쓸모없는 것, 낮은 것, 더러운 것은 역사를 움직이는 주요한 원동력으로서 응축된 에너지를 분산시키는 역할을 한다. 푸코가 말한 헤테로토피아는 공간적 소모의 대표적인 예이다. 묘지와 공원은 기능적으로 별 용도가 없는 것처럼 보이지만 과도한 에너지가 응축되는 것을 막아준다. 광장처럼 다양한 쓰임새를 갖는 공간이나 강변이나 교량 하부 같은 유휴 공간들도 도시의 과도한 흐름을 완화시키는 역할을 한다. 이런 소모는 실재의 범람을 지연시키는 효과를 가져온다. 즉 과도한 에너지의 응축은 전쟁, 혁명 또는 전염병으로 이어질 수 있고, 적당한 에너지의 분산이 그 촉발을 지연시켜주는 것이다.

이상 도시, 질서, 오류

도시 이전의 세계는 실재, 자연, 흐름, 카오스의 공간이었다. 이 공간은 금기가 없는 신성한 공간이다. 자연의 흐름이 절단되고 금기가 개입되면서 도시가 만들어진다. 도시를 완전한 질서라고 볼 수는 없다. 오류가 없는 완전한 질서는 쉽게 무너져버리고 만다. 앞에서 살펴보았듯이 영화 〈매트릭스 2〉에서 신에 해당하는 아키텍트는 오류 없이 만든 세계는 붕괴되었다고 말한다. '네오' 같은 오류

없이는 시스템을 안정적으로 유지할 수 없는 것이다. 르네상스기에는 화가들이 투시도의 질서에 입각해 이상 도시를 그렸지만, 현실에서 이상 도시는 실현될 수 없었다. 완벽한 도시에서도 질서를 벗어나는 실재의 흐름이 분출되어야 하는데, 분출의 여지를 만들어두지 않은 도시는 실재의 폭발적 범람으로 붕괴될 수밖에 없다.[6] 라캉은 이 분출을 대상 a라고 한다. 대상 a 또는 증상은 언뜻 실재계의 파편으로 상징계를 불안정하게 만드는 것처럼 보이지만 실제로는 상징계를 안정되게 만든다.[7]

도시=카오스모스, 유연한 카오스

도시는 완전한 질서로는 존재할 수 없으며, 오류나 혼돈을 포함하면서 발전한다. 도시의 바깥인 카오스도 아니고 완전한 질서도 아닌 카오스모스로서 존재하는 것이다. 이는 모든 인간이 자연의 상태로부터 언어의 질서 안으로 들어오면서 상징화되지 않는 증상을 필연적으로 갖게 되는 것과 유사하다. 도시 안의 혼돈은 질서의 억압에서 숨쉴 여지를 만들어주는 것이다. 광장이나 공원, 묘지같이 기능이 확정되지 않은 애매한 공간들이 그런 역할을 한다. 현대의 카페도 그런 역할을 한다. 현대의 카페는 전통적 카페, 도서관, 직장, 가정, 광장의 범주를 벗어나 어디에도 속하지 않는 애매한 공간의 역할을 한다. 미국의 사회학자 레이 올든버그는 가정도 직장도 아닌 '제3의 공간'을 주장했는데, 이 공간도 일종의 혼돈 공간의 역할을 한다. 제3의 공간은 조닝과 질서 체계 사이에 틈을 내서 과도한 질서를 이완하고 해소할 작은 가능성을 만든다. 이는 정신분석에서 대상 a의 역할과 매우 유사하다.

이런 공간들은 기존의 기능 구별로부터 자유로운, 경계가 흐려진 장소들이다. 사적/공적 구분조차 뛰어넘고, 금기와 질서를 넘어서는 축제와 같은 역할을 한다. 도시 안의 적절한 혼돈, 유연한 혼돈은 도시의 경직성을 해소한다. 공간구조상의 리좀은 경직된 질서에 대해서 혼돈의 역할을 한다. 억압된 질서 체계에 숨쉴 여지를 마련해주는 것이다.

$$chaosmos \quad = \quad chaos \quad + \quad cosmos$$

죽음충동　　　삶의 충동

해소　　　　　수축

실재의 범람, 재난, 새디즘, 마조히즘

긴장을 해소하고자 하는 것은 엔트로피를 증가시키는 것이고, 프로이트는 이것을 죽음충동이라고 불렀다. 긴장의 완전한 해소는 죽음의 상태에 도달하는 것으로, 이것은 라캉적 의미에서 실재이다. 실재가 상징계로 범람하는 것은 증상으로 경험할 수 있다. 사회적으로는 재난, 혁명, 전쟁, 전염병으로 나타난다. 실재의 범람은 상징계의 에너지가 과도하게 응축되었을 때 응축된 에너지가 급격하게 해소되는 현상이다. 긴장의 부분적 해소는 쾌락을 가져다준다. 예컨

대 사람들은 금기와 규칙이 한순간에 허물어지는 것을 보면서 그것
이 폭력적이라 할지라도 쾌감을 느낀다. 영화 속 대규모 폭파나 재
난 장면도 같은 효과를 준다. 우리가 고난, 혁명, 전쟁을 보면서 쾌
락을 느끼는 이유는 긴장의 해소에 있다.

　정신분석에서는 새디즘과 마조히즘을 성적 무대 장치 안에서
금기를 파괴하는 동시에 금기의 존재를 확인하는 것으로 해석한다.
도착증자들은 소외를 경험하지만 부권에 의한 분리가 이루어지지
않아 규칙이 불완전하게 성립되고, 상징계 안으로 완전히 들어오지
못한다. 따라서 도착증자들에게는 규칙을 확립하고 상징계로 진입
하려는 충동과 규칙을 벗어나려는 충동이 동시에 작용한다. 이런 도
착증적 상황은 상징계의 질서로부터의 부분적 일탈을 가져다준다. 모
든 사람은 실재로 돌아가려는 죽음충동을 가지고 있다. 따라서 누구
나 도착증적인 성향을 가지고 있다고 말할 수 있다. 소셜 미디어나
관찰 예능은 관음증과 도착증이 사회에서 공식적으로 작동하는 방
식이다. 자본주의 도시의 쇼핑에는 도착증의 논리가 녹아 있다.

광장, 공원, 놀이동산, 경기장, 휴일, 강, 바다

　완전한 해소는 죽음에 가까운 폭력이기 때문에 부분적으로
해소하면서 실재의 범람을 지연시키는 방향이 사회를 유지하는 데
에 유리하다. 앞에서 살펴보았듯이 축제, 스포츠, 종교의식 등은 긴
장을 이완시키고 과잉 에너지를 해소시키는 사회적 장치들이다. 도
시 안에서는 공간적으로 광장이나 공원이 긴장을 해소시킨다. 놀이

동산은 축제와 같이 금기가 사라진 비일상성을 경험하게 하는 역할을 한다. 경기장에서는 수평으로 펼쳐진 평야와 같은 자연을 떠올리며, 상징계의 규범이나 사회적 금기가 개입되기 이전의 야생의 폭력을 간접적으로 경험하게 된다. 이를 통해 규범이나 금기에 의해서 억압되고 긴장되었던 에너지가 해소되고 이완된다. 이것이 고대부터 내려오는 극장과 경기장의 중요한 기능이다. 고대 그리스비극의 카타르시스나 로마 콜로세움 검투사들이 시합에서 느꼈던 감정이 그런 것이다. 고대부터 현대까지 정치인들은 의도적으로 이런 해소의 방법을 시민들에게 제공해왔다.

축제와 제의는 상징계의 질서 안에서 실재를 경험하는 방법이다. 즉 긴장과 고착을 해소하는 방법이지만, 상징계가 완전히 붕괴하고 실재가 범람하는 것은 아니다. 오히려 상징계 안에서 실재를 경험함으로써 상징계의 금기와 규칙을 더 확인하게 한다. 이를테면 휴일이 끝난 후에 평일의 규칙을 깨닫거나, 휴가가 끝나고 나서 평상시의 규칙을 실감하는 것과 같다. '월요병'은 상징계로 돌입하면서 느끼는 소외의 경험이라 할 수 있다. 소모는 과도한 에너지를 해소시키는 동시에 상징계의 존재를 각인시킨다.

광장이나 공원처럼 기능이 미규정된 장소에서는 도시의 규칙과 억압에서 해방되는 것을 느낄 수 있다. 공간이 미규정되어 있고 이완되어 있을수록 실재에 가깝게 느낀다. 자살을 할 때 주로 강이나 바다를 찾는 이유는 죽음충동이 실재의 상태, 즉 엔트로피가 높은 상태를 추구하기 때문이다. 반대로 강이나 바다를 보면서 마음의 안정을 찾는 것도 지나친 에너지의 응축을 해소하고자 하는 죽음충동이

1 한강
2 월드컵 응원

무질서도가 높은 실재에 가까운 공간을 추구하기 때문이다.

사회, 축제, 무의식, 무의미, 무질서

사회는 무의미에서 의미로만 진행하는 것이 아니라 그 반대 방향으로도 진행한다. 축제에서 남자가 여장을 하거나 핼러윈데이에 평소와 완전히 다른 복장으로 꾸미는 것은 그 기원을 살피면 삶과 죽음, 선과 악, 남자와 여자의 구분이 없는 무의미나 무의식의 상태로 돌아가려는 표현이다. 축제는 의식과 무의식을 나누는 경계를 변화시키는 행사인 것이다.

도시에서 질서는 무질서로부터 나온다. 질서 아래에 무질서의 흐름이 있다. 68혁명에서 나온 "보도블록 아래 해변이"라는 구호는 이러한 무질서의 흐름을 말하는 것이다. 무질서나 실재가 분출된다고 해도 상징계의 질서를 완전히 제거할 수는 없다. 실재가 갑자기 분출되는 것을 방지하기 위해서는 상징계 내에 어느 정도 무질서를 허용하는 장소나 순간이 필요하다.

2장   현대도시의 끔찍한 아름다움

숭고, 거대함, 아키줌, 리오타르, 비릴리오, 거스키

콜하스, 끔찍한 아름다움

현대도시를 사는 사람들은 한번쯤 무한히 반복되는 초고층아파트나 끝없이 펼쳐진 대형 마트의 진열대, 그물같이 얽혀 있는 인터체인지를 보면서 경외감을 느낀 적이 있을 것이다. 도시에서 느껴지는 이런 감정은 어떤 것일까?

네덜란드 건축가 콜하스는 「20세기의 끔찍한 아름다움」[8]이란 글에서 라 데팡스, 로테르담, 베를린의 새로운 도시 모습에 대해 서술하면서, 복잡하게 얽힌 인터체인지와 교통시설을 언급한다.[9] 여러 교통시설이 얽혀 있는 공항이나 항구, 기차역, 지하철역은 20세기 초반까지는 지구상에 존재하지 않았던 새로운 장면이다. 그것은 모네가 그린 생 라자르Saint Lazare 역과 같은 '아름다움'으로는 파악될 수 없는 새로운 종류의 '아름다움'이었다.

현대도시는 더이상 '아름다움beauty'이라는 고전적인 범주로

1 인터체인지
2 브라질 슬럼가, 파벨라

는 포착할 수 없는 새로운 현상들을 쏟아내고 있다. 유럽 공항에 도착하여 도심으로 이동할 때까지 보게 되는 고속도로, 인터체인지, 대형 매장, 창고, 주유소, 저소득층 아파트는 도심의 낭만적 모습과는 완전히 다르다. 삭막하고 개성 없이 반복되는 도시 주변부는 세계적으로 점점 면적이 늘어나고 있고, 도시나 국가를 막론하고 비슷비슷하다. 중남미, 인도, 아프리카를 비롯해 전 세계적으로 슬럼은 엄청난 속도로 증가하고 있다. 브라질의 슬럼인 파벨라favela는 경사지를 따라 자연 발생적으로 형성된 무허가 달동네가 무한반복되는 아연실색한 광경을 만들어낸다. 이런 도시의 풍경들은 더이상 피할 수 없는 21세기 현대도시의 진실이다.

플레이 타임, 기이한 낯섦, 칸트, 숭고

찰리 채플린의 〈모던 타임스〉(1936)가 20세기 초반의 대량생산 시스템을 묘사했다면, 프랑스 감독 자크 타티의 영화〈플레이 타임〉(1967)은 20세기 후반의 대량생산 대량소비 도시를 묘사하고 있다. 주인공 월로 씨는 시골에서 올라와서 새로운 도시의 풍경을 보고 아연실색한다. 무한반복되는 아파트와 사무실, 실타래처럼 얽혀 있는 거대한 고가도로를 보면서 이상한 감정을 갖게 된다. 그것은 익숙하지만 낯선 풍경에 대한 기묘한 감탄이다. 이런 감정은 어떤 것일까?

프로이트는 이해하기 어려운 반복강박을 설명하면서 '기이한 낯섦'[10]이라고 했다. 반복강박은 명료한 의식 밑에 깔려 있는 억압된 무의식이 귀환할 때 의식의 과도한 방어에 의해서 발생한다. 라캉의 용어로는 실재가 상징계 안으로 침투하는 것을 과도하게 방어할 때 나타나는 현상이다. 이런 맥락에서 기존의 도시의 의식으로 수용할 수 없는 과잉 상태에 대한 방어기제로서 기이한 도시의 모습이 형성되었다고도 설명할 수 있다. 〈플레이 타임〉의 아연실색한 감정은 표상represent할 수 없는 엄청난 흐름의 증가가 만들어낸 도시의 모습을 바라볼 때 느끼는 감정이다. 프로이트 이전에 이런 기이한 감정에 대해서 설명하려고 한 것이 버크와 칸트의 숭고 개념이다.

칸트는 모든 비교를 뛰어넘어 절대적으로 큰 것, 구름 위로 솟아 있는 눈 덮인 산봉우리, 미친 듯 휘몰아치는 폭풍우, 밀턴이 『실낙원』에서 묘사하고 있는 지옥의 모습에서 느낄 수 있는 감정을 설명하려고 했다. 이것은 아름다움이나 쾌감을 넘어서는 감정으로, 칸트는 이것을 숭고Erhaben라고 불렀다. 그는 미적 판단을 아름다움과 숭고로 나눴고, 숭고를 크기로부터 비롯되는 수학적 숭고와 힘으로부터 비롯되는 역학적 숭고로 분류했다. 엄청난 파도나 장엄한 풍경 같은 대자연의 거대함과 힘 앞에서 우리는 위압적이면서 두렵고 신비한 느낌을 받는다. 이것은 쾌와 불쾌가 공존하는 숭고의 감정이다. 숭고는 단순히 성스러운 것을 뜻하는 것이 아니라 지성이나 범주로 파악이 안 되는 사태를 말한다. 대자연 앞에서 느끼는 숭고의 감정은 지성의 능력이 한계에 도달하는 상태라고도 볼 수 있다. 범주로 파악할 수 없는 사태인 숭고는 물자체가 현실에 드러나는 것으로도 볼 수 있다. 지성의 범주로는 받아들여지지 않고 지성이 도전받는 순간 우리는 전율과 공포를 경험하는 것이다.

자크 타티, <플레이 타임>

실재, 주이상스, 상징계, 방어기제

숭고의 감정은 억압되었던 무의식이 의식 속으로 침범하는 사태와 유사하다. 물자체, 무의식, 실재는 선/악, 쾌/불쾌의 분화가 이루어지기 이전의 무규정적 상태로 양가감정이 공존한다. 라캉의 용어로 숭고는 환상의 스크린을 찢고 실재가 상징계에 침투하는 것으로 해석된다. 이때 방어기제로서 반복강박이 발생한다. 이것은 트라우마나 강렬한 신적 경험으로 나타난다. 숭고에서 쾌와 불쾌의 감정이 공존하는 것처럼 반복강박도 마찬가지다. 의식 속으로 침투하는 무의식과 상징계로 침투하는 실재는 고통과 쾌락을 동반한다. 라캉은 이렇게 쾌와 불쾌가 공존하는 뒤틀린 상태를 주이상스로 설명한다. 주이상스는 쾌락과 고통, 쾌와 불쾌가 공존하는 끔찍하면서 신기하고 기이한 사태이다. 강박증 환자들이 자신의 증상을 놓지 않으려고 하는 것이 바로 이런 이유에서다. 숭고와 반복강박은 서로 거리를 두고 있던 의식과 무의식, 상징계와 실재가 충돌하고 침투할 때 나타나는 현상이다. 위상학적으로는 앞면과 뒷면이 붙어버리는 뫼비우스적 사태이다. 숭고와 반복강박은 표상할 수 없는 과잉의 상태에 대한 방어기제로서 나타나는 현상이다. 무한반복되는 현대도시의 모습은 과잉 흐름에 대한 방어기제로 나타나는 것이다.

리오타르, 현대미술, 숭고의 미학

프랑스 철학자 리오타르는 숭고의 개념을 미학에 적용한다. 그는 현대미술이 추구하는 것이 미가 아니라 숭고라고 말한다. 즉 현대미술이 추구하는 것이 지성으로 파악하는 질서의 재현이 아니라 파악할 수 없는 무규정적 혼돈을 드러내고 마주하게 하는 충격이라는 것이다. 마크 로스코나 게르하르트 리히터 등의 현대 회화들이나 제임스 터렐, 올라퍼 엘리아슨, 아니쉬 카푸어 등의 설치 미술 작품들은 무규정적 상태를 보여준다. 이런 작품들은 상징계 너머의 실재를 현실에서 느낄 수 있게 하려는 시도로, 아름다움을 넘어서는 기이한 경험을 유발한다. 아무것도 재현하지 않는 이런 작품들 앞에서 종교적 체험을 하거나 감정적 북받침으로 눈물을 흘리는 것은 칸트가 말하는 거대함과 힘 앞에서의 숭고를 느끼기 때문이고, 라캉이 말하는 상징계로 표상되지 않는 실재의 침투를 경험할 수 있기 때문이다.

앞서 말한 예술가들의 작품을 실재의 재현이라고 말할 수 있는데, 실재는 재현되지 않기 때문에 이 말 자체가 역설적이다.

그로스, 힐베르자이머, 신즉물주의

현대도시에 나타난 끔찍한 아름다움을 표현한 작가들과 건축가들이 있다. 독일의 화가 게오르게 그로스는 제1차 세계대전 이후의 독일 메트로폴리스의 모습을 '아름다움'이라는 범주의 선입견 없이 있는 그대로 그려냈다. 그로스의 그림을 본 비평가 구스타프 하르트라우프는 사실 그대로를 표현했다는 점에서 사물, 사실을 뜻하는 독일어 Sache(자허)를 변형하여 신즉물주의Neo-Sachlichkeit라는 이름을 붙였다.

건축가 루드비히 힐베르자이머는 근대 기능주의의 원칙에 입각해서 도시의 모습을 여과 없이 그대로 그려냈다. 근대도시계획의 비인간주의를 비난할 때 빠지지 않고 등장하는 그의 계획안들은 어떤 미적인 개입이나 여과가 느껴지지 않는다. 그로스의 그림이 현대도시에 나타난 과잉의 흐름과 인구를 냉소적으로 표현했다면, 힐베르자이머는 과학적 관점에서 경제적, 기술적 상태가 반영될 때 피할 수 없는 미래를 예언했다고 할 수 있다.

아키줌, <멈춤 없는 도시>

제2차 세계대전 이후 자본의 흐름과 축적이 더욱 활발히 이

1 게오르게 그로스, <장례식>, 1917-18
2 힐베르자이머의 도시계획

루어지면서 무한한 욕망과 소비의 시대가 열리기 시작했다. 1960-70년대 피렌체를 중심으로 활동한, 1권에서 살펴본 아방가르드 그룹 아키줌은 자본주의 도시의 끔찍한 아름다움을 〈멈춤 없는 도시〉(1969)라는 실험적 프로젝트로 표현했다. 무한반복되는 사무실들, 주차 공간들, 쇼핑센터의 상품들, 아파트 개체들로 구성된 삭막한 도시의 모습은 이들이 살고 있던 역사 도시 피렌체와는 대조적이다. 이것은 자본주의가 도시를 점령한 이후 맞닥뜨려야 할 도시의 진실이었다. 당시 건축가들이 이런 비인간적 도시에 대항해서 역사적이고 '인간적인' 도심을 복원하고 재생산하려고 노력할 때, 아키줌은 인간적인 노스탤지어nostalgia로 가득찬 도시의 모습은 자본주의에서 더이상 가능하지 않음을 간파하였다. 아키줌은 자본주의 도시의 주거는 설비가 갖춰진 주차장이 될 것이라고 예견했는데, 무한반복되는 현대의 아파트는 주차장과 놀랍게 닮았다. 콜하스는 아시아의 아파트를 '부끄러움이 없는shameless' 상태라고 묘사한다. 현대도시는 무한증식하는 자본의 흐름이 만들어낸 '끔찍한 아름다움'이고 극단적인 상태이다.

벤투리와 브라운, 에포케, 판단중지

로버트 벤투리와 데니스 스콧 브라운은 1968년 가을 학기에 예일대학교 건축대학원의 연구 과제로서 라스베이거스의 스트립strip 주변의 건물들이 전통적인 건물들과 어떻게 다른지를 분석한다. 그들은 이 연구를 『라스베이거스의 교훈Learning from Las Vegas』

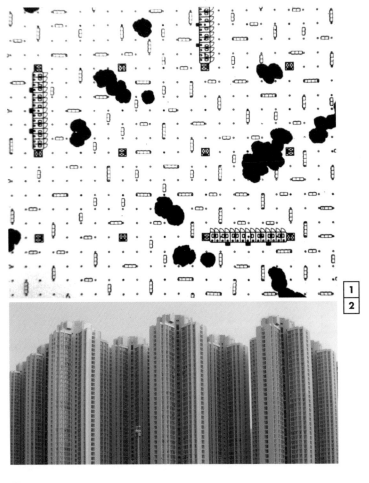

1 아키줌, <멈춤 없는 도시>
2 부끄러움이 없는 아파트 숲

이라는 이름으로 출간한다. 벤투리와 브라운은 이 연구에서 고정관념에서 벗어나 있는 그대로의 도시의 모습을 관찰한다는 입장을 취한다. 이것은 현상학에서 현상학적 환원을 위해 판단을 유보한다는 것을 뜻하는 '에포케epoché'의 관점이다. 에포케란 단어는 원래 '멈춤' 또는 '무엇인가를 하지 않고 그대로 둠'이라는 뜻이다.[11] '판단중지'는 가치판단이나 선입견을 제거하고 일어나는 일 자체를 바라본다는 것이다. 라스베이거스는 전통적 관점에서는 '도시'라고 부를 수 없는 비장소의 도시다. 유럽적 도시 맥락도, 문화적 가치도, 역사적 가치도 가지고 있지 않다. 벤투리와 브라운은 이런 라스베이거스에서 실체는 사라지고 간판과 기호만이 존재하는 현대도시의 실체를 파악한다. 자본의 실재가 모습을 드러낸 끔찍한 아름다움이다.

『광기의 뉴욕』, 거대함, 총칭적 도시, 거스키

『라스베이거스의 교훈』에서 영감을 받은 콜하스는 욕망, 기술, 자본이 얽혀서 만들어낸 환상의 도시인 뉴욕을 분석한다. 콜하스는 『광기의 뉴욕』에서 차마 말할 수 없었던 현대도시의 모습을 여과 없이 드러내서 서술한다. 그후 콜하스는 『광기의 뉴욕』의 일부분을 정리하고 발전시켜 현대도시의 거대 건물에 대해 설명하는 「거대함Bigness」(1995)이란 글을 발표한다. 이 글에서 콜하스는 칸트와 니체를 동시에 참고한다. 자본이 만들어낸 도시에서 거대한 건물들은 미적인 개념을 넘어서는 숭고를 보여준다. 아름다움과 추함을 넘어서고, 선과 악의 범주를 넘어선다.

안드레아스 거스키, <99센트>, 1999
© Andreas Gursky / Courtesy Sprüth Magers / SACK, 2024

　　이것은 안드레아스 거스키의 사진처럼 무한히 반복되는 자본주
의의 모습이기도 하다. 이런 도시는 한 번 쓰고 버리는 의미 없는 정
크 스페이스로 가득하고, 도시의 맥락과 무관한 쇼핑센터로 가득차
있다. 대형 공항, 사무소, 쇼핑센터 같은 거대함의 건축은 도시의 맥
락과 무관하지만 그 자체로 하나의 도시이고 세계이다. 이런 도시에
서 대부분의 장소는 콜하스가 묘사하듯이 '월요일마다 새롭게 다시

태어나는' 정크 스페이스, 정체성이 사라져버린 총칭적 도시generic[12] city
이다. 이러한 도시의 모습은 우리 시대의 피할 수 없는 진실이고 끔찍
한 아름다움이다. 콜하스의『광기의 뉴욕』, '거대함', '정크 스페이
스', '총칭적 도시'는 모두 전통적 도시를 초과하는 특징 없는 과잉 상
태를 묘사하고 있다. 이는 흐름 그 자체, 실재, 숭고의 경험과 연결된
다. 이런 점에서 콜하스의 관점은 리오타르가 현대미술을 보는 관점
과 유사하다.

반복강박, 앤디 워홀

'끔찍한 아름다움'은 자본주의의 광기를 보여준다. 바로 우리
눈앞에 반복강박이 있다. 무한 복제되는 모습은 앤디 워홀의 실크 스
크린처럼 아우라를 비웃는다. 우리는 이런 대량생산 대량소비의 도
시에서 쾌락원칙을 넘어서 묘한 고통의 감정을 느낀다. 아찔한 현기증
과 숭고의 감정을 느낀다. 이는 주이상스가 주는 고통스러운 쾌락이고
달콤한 씁쓸함이다. 주이상스에 다가갈수록 불안을 느낀다. 이것을
실재라고 착각할 수 있지만 이것은 실재가 아니다. 미적으로 숭고
체험을 할 수 있지만 존재론적 실재와 혼동해서는 안 된다. 도시의
과도함, 과잉의 상태는 실재처럼 보일 수 있지만 실재가 아니라 고도
로 정교화된 흐름일 뿐이다. 즉 실재의 매끄러운 공간이 아니라 고도로
정교하게 홈파인 공간이다. 리오타르가 숭고를 아방가르드의 숭고와
자본주의의 숭고로 나눈 것처럼 현대도시의 아찔한 숭고는 실재의
숭고와는 다른 것이다.

속도, 미래파, 비릴리오

20세기 초 이탈리아 미래파 예술가들은 새롭게 등장한 자동차, 비행기 등의 기술 앞에서 이와 비슷한 감정을 느꼈다. 그들이 특히 매료되었던 것은 속도였다. 극단적으로 필리포 마리네티는 새로운 기술이 만들어낸 전쟁을 찬양했다. 아찔한 속도 앞에서 '끔찍한 아름다움'을 느꼈을 것이다. 미래파 건축가 안토니오 산텔리아는 교통시설과 고층 건물이 얽혀 있는 모습을 도시의 미래라고 상상했다.

프랑스 문화이론가 폴 비릴리오는 어린 시절 제2차 세계대전의 폭격에서 받은 충격을 잊지 못했고, 전쟁이 만들어내는 특이한 풍경을 묘사했다. 그는 속도가 새로운 사회의 현상이라는 것을 인식했다. 속도는 전쟁의 양태도 바꾼다. 현재의 기술은 이미 절대속도의 상태에 도달했고, 핵폭탄이 바로 그것이다. 절대속도는 지리와 영토를 중심으로 한 전쟁 개념을 파괴했다. 지리와 영토를 근거로 삼는 저항도 더이상 의미가 없다. 제3차 세계대전은 전 세계에서 진행 중이라는 그의 말처럼 전쟁은 더이상 영토라는 전선에서 이루어지지 않고 이미 일상 속으로 침투해 있다. 도시에서는 항상 기술의 속도를 느낄 수 있다. 우리는 '끔찍한 아름다움'을 일상에서 체험하고 있고, 그것에 점점 무감각해지고 있다.

데이비드 하비, 시공간 압축, 착취

영국의 지리 경제학자 데이비드 하비가 말한 것처럼 시공간

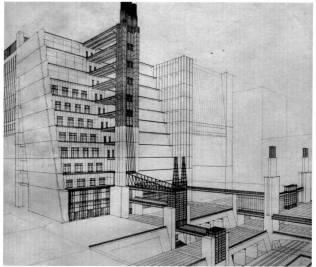

안토니오 산텔리아, <라 치타 누오바>, 1914

의 압축은 자본의 축적을 용이하게 한다. 과거에는 이동시간과 거리의 제한이 있어서 지역 간에 격차가 있었고 빈부의 불균형에도 한계가 있었다. 하지만 현대에는 지구 전체가 하나의 동네처럼 연결되면서 자본의 이동이 무제한으로 가능하게 되었고, 신자유주의 체제는 국가 간의 경제 장벽마저 없애버렸다. 자본의 이동과 축적이 무제한으로 가능해지면서 도시 간, 계층 간의 빈부 격차가 무한해졌다. 시공간의 압축은 자연과 인간을 더욱 효율적으로 착취할 수 있게 했다. 도시는 인간을 위한 곳으로 만들어졌지만 오히려 영화 〈매트릭스〉에서처럼 인간을 노동력을 착취하는 배터리로 사용하여 자본을 축적하는 장소가 되어버렸다.

기술의 주이상스, 양가성

도시는 기술에 의해서 새로운 단계로 넘어가는 경우가 많다. 상하수도, 전기, 엘리베이터, 에어컨, 자동차, 기차, 비행기 같은 기계들은 도시의 모습을 완전히 낯설게 바꿔놓는다. 기술은 편리함과 쾌락을 가져오지만 동시에 불쾌함과 고통도 가져온다. 벤야민은 기술이 진보와 퇴보의 양가성을 갖는다고 했다. 기술은 시공간의 새로운 배치를 만들지만 동시에 하이데거적 존재의 의미를 감춰버린다. 사진 기술은 예술의 재현 기능을 무력화하면서 아우라를 사라지게 만들었다. 기술에 의해서 만들어진 도시의 시설들은 기술의 주이상스이다. 라캉은 쾌락과 고통이 공존하는 감정을 주이상스라고 불렀다. 즉 쾌락과 고통을 함께 선사하는 것이다. 쾌의 감정이 어떤 정도를 지나칠 때 동시에 고통의 감정이 따라온다. 벤야민의 기술과 라캉의 주이상스는 초과와 과잉의 문제이다.

아우라, 가상

전화, 영화, 텔레비전, 인터넷, 자동차, 비행기의 기술은 먼 것을 가깝게 하고 시간을 단축시킨다. 아우라는 거리감의 문제이다. 적당한 거리를 유지하지 않으면 아우라가 사라진다. 핸드폰과 유튜브는 긴 호흡의 시간을 분절하고, 가까운 것을 오히려 멀게 만든다. 미로는 시간을 지연함으로써 좁은 공간을 넓게 만드는 기술이다. 시간과 공간을 지연시키는 것은 아우라를 증가시키는 방법이다. 기술은 이와 반대로 최단거리의 최소 시간을 추구한다. 실재를 직접적으로 맞닥뜨리는 순간 실재의 강렬함 앞에서 오히려 실재의 아우라는 사라진다. 커튼 뒤의 신상이 오히려 더 신성해 보인다. 기술은 가상을 실재보다 더 실재처럼 만든다. 진짜와 가짜는 더이상 사물에 의해 정해지지 않고 댓글에 의해 인정받는다. 기술은 시간과 공간의 새로운 짜임새를 만든다. 시공간의 간극이 사라진 현대에는 미로 같은 골목길이 더 신비로워 보이고, 와인이나 오래된 건물처럼 시간이 축적된 것이 오히려 새롭게 보인다. 그렇다면 물어야 할 것은 이런 도시에서 진정한 실재가 어떻게 도래할 수 있는지이다.

3장 실재는 어떻게 도래하는가?

기관 없는 신체, <신세기 에반게리온>, 인류 보완 계획

혼돈, 억압, 문명 속의 불만

들뢰즈, 프로이트, 라캉은 혼돈을 무질서로 보지 않고, 무한한 생명력과 잠재력이 아직 그 형태를 갖추지 못한 것으로 보았다. 들뢰즈의 차이, 프로이트의 무의식, 라캉의 실재는 이런 혼돈을 부르는 다른 이름이다. 앞에서 보았듯이 실재는 무한한 가능성과 에너지의 장소이지만, 동시에 죽음의 장소이기도 하다. 이런 무한한 가능성이 질서의 형태를 부여받을 때 에너지, 힘, 강도는 억제된다. 조직화, 분화, 사회화, 근대화에 의해 형성된 기관, 의식, 상징계, 사회, 문명, 도시는 질서 잡혀 있지만 생명력과 힘의 억압을 통해서 만들어진 것이다.

프로이트는『문명 속의 불만』에서 문명의 기원을 원초적인 힘의 억압으로 설명한다. 유아기에 리비도가 억압되고 한곳에 억제되면서 자아가 형성되는 과정을 인류 차원에서 해석한 것이다. 이 설

명은 도시에도 적용될 수 있다. 도시는 수많은 흐름과 에너지를 절
단하고 채취하면서 만들어진다. 무한의 흐름에 길을 내고 홈을 파
서 일정한 질서를 만든 결과물이 도시이다. 즉 도시는 무한의 에너
지가 억압되면서 만들어진 것이다. 도시 안에는 불만이 존재한다. 도
시는 자연의 무제한적 흐름으로부터 우리를 보호해주는 보호막이
기도 하지만, 자유로운 에너지를 억압하는 구속복이기도 하다. 우리
의 의식이 리비도의 무제한적 흐름을 억제함으로써 우리를 보호하
는 것과 유사하다. 리비도의 흐름이 과도하게 허용되면 정신병으로,
과도하게 억압되면 신경증으로 흐른다. 일반적인 경우에 도시와 정
신은 과도한 허용과 과도한 억압 사이 어딘가에 위치한다. 리비도의 수
축과 이완은 불쾌와 쾌의 감정을 만들어낸다. 이런 수축contraction과
이완détente으로 세상을 설명하는 방식은 베르그손에게도 나타나며
들뢰즈에게도 전수된다. 도시도 이런 방식으로 설명될 수 있다. 도
시에서도 적절한 시기와 장소에 이완과 해소의 운동이 필요하고, 압
축과 수축의 운동이 필요하다.

이기적 유전자, 숙주로서의 도시

도시를 유전자와 관련해서 생각해볼 수도 있다. 리처드 도킨
스는 『이기적 유전자』에서 진화를 개체 단위가 아니라 유전자 단위
로 생각할 것을 제안한다. 유전자는 개체(유기체)를 보존하기 위해
서 노력하는 것이 아니라, 유전자 자신을 보존하기 위해서 개체를
일종의 숙주로 사용하고 있다는 것이다. 생명이라는 개념을 유기체

가 아니라 유전자를 중심으로 생각하는 것이다. 유전자는 유기체가 자신을 보존하고 다음 세대로 이어지기에 가장 유리한 방식으로 유기체를 움직이게 하기 때문이다. 유전자에게 유기체는 자신을 이동시키고 보호하는 보호막이자 동시에 억압하는 구속복이다. 도시에서도 억압을 해소하고 생명성 그 자체가 분출하는 움직임이 발생한다. 하지만 유전자가 유기체 없이 홀로 살아가기는 어려운 것처럼 도시의 생명성도 도시라는 보호막을 통해서 다음 세대로 전달될 수 있다.

수로화된 흐름에서 벗어나기, 실재의 귀환

인간은 흐르는 물을 사용하기 위해서 수로를 만든다. 무제한적인 힘의 흐름을 통제하고 사용하기 위해서 수로화하는canalise 것이다. 자연의 힘을 문명 세계에서 사용하기 위해서는 근본적인 억압이 있을 수밖에 없다. 현실은 실재의 에너지가 억압된 상태로 만들어진 질서 체계이다. 상징계는 원초적인 실재의 힘을 수로화한 것이다. 수로화된 흐름에서 벗어나는 방법은 무엇인가? 원초적인 흐름이 수로를 파괴해버리는 것이다. 그것은 홍수가 나는 것과 같다. 라캉은 이를 실재가 귀환하는 것이라고 불렀다. 실재의 귀환은 억압되었던 실재가 다시 돌아오는 것을 말한다. 이것을 정리하면 〈도식 19〉와 같다. 증상은 억압된 것의 회귀, 실재의 귀환을 가리키는 말이다.

정신분석에서 주체가 버텨내지 못할 정도의 괴로운 기억은 방어기제에 의해서 무의식의 깊은 곳으로 가라앉게 된다. 이렇게 형성된 트라우마는 쉽게 그 원인을 알 수 없다. 정신분석에서 실재의

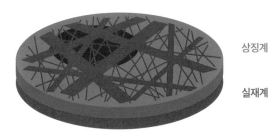

상징계

실재계

도식 19. 실재의 귀환

귀환은 방어기제의 억압에서 벗어나서 끔찍한 기억이 다시 돌아오는 것
을 말한다.[13] 실재는 엄청난 에너지 그 자체이기 때문에 현실을 만
드는 토대가 되지만 현실에서는 거의 모습을 드러내지 않는다. 실
재가 귀환하는 것은 자주 일어나는 일은 아니다. 노아의 홍수처럼 신
적인 개입이나, 프랑스대혁명처럼 사회가 임계점을 넘어설 때 실재가
귀환한다.

혁명의 가능성

현대 피로사회는 과도한 잉여 주이상스의 흐름이 촘촘하게 홈파
인 수로를 흐르고 있어서 마치 매끄러운 공간처럼 보인다. 이런 사회는
억압보다는 자기 착취에 의해서 통제된다. 한병철은 이런 사회는 혁
명이 불가능하다는 회의적인 입장을 취한다. 그것은 억압적인 흐름
들이 이미 잉여 주이상스로 자기 자신을 관리하고 쾌락을 즐기는 데
에 소진되어버리기 때문이다. 즉 잉여 주이상스의 흐름이 압축된 혁명의

영화 <기생충>의 역류

역량을 소진시키는 것이다. 하지만 이런 사회에서도 상징계의 고착은 점점 심해지기 때문에 실재를 억압하는 압력은 계속 증가한다. 〈도식 19〉에서 볼 수 있듯이 여전히 혁명의 가능성은 남아 있다고 볼 수 있는 것이다.

<기생충>, 홍수

영화 〈기생충〉에서 빈부 격차를 상징하는 계단을 흘러내리는 홍수와 화장실에서 역류하는 배설물은 원초적이고 무시무시하다. 이것은 상징계에 의해 억압된 흐름의 분출을 표현한다. 홍수가

나고 배설물이 역류하는 것은 억압되었던 원초적 흐름인 실재가 귀
환하고 상징계의 질서가 파괴되는 장면이다. 〈기생충〉에서 홍수, 범
람, 역류는 그다음 날 있을 작은 혁명을 암시한다. 자연의 흐름이 통
제되고 길들여지면서 사회와 도시가 만들어지고 계층이 형성되었
다. 홍수는 이런 질서를 깨뜨리는 질서 이전의 것을 상징한다. 빈부
격차는 억압을 발생시키고, 억압된 것은 반드시 다시 분출된다.

역사 속의 혁명, 천재의 작품, 원초적 힘

억압된 것은 리비도의 흐름을 고착시키고, 과도한 억압은 트
라우마를 형성한다. 영토와 코드의 체계를 만들고 있는 껍질을 깨
고 올라오는 것, 지층을 깨고 올라오는 마그마와 같은 것이 바로 실
재이다. 실재는 영토화되고 분할된 세계 이전의 원초적인 흐름이고,
감당하기 어려운 자연의 흐름이다. 억압된 것이 되돌아오는 것은 정
신분석에서만 일어나는 일이 아니다. 자연, 역사, 사회, 도시에서 억
압된 것은 다시 돌아온다. 억압된 실재가 껍질을 깨고 나타나는 사
태를, 앞에서 반복하여 살펴보았듯이, 라캉은 실재의 귀환, 바디우
는 사건, 들뢰즈는 특이점이라고 불렀다. 역사 속의 혁명은 그런 힘
의 분출이다. 기존의 고리타분한 체제를 깨고 등장하는 천재의 작품
도 그런 힘을 느끼게 한다. 천재는 정교하게 구성된 체계가 아니라
분출되는 힘이다. 바디우가 말하는 '사건'이라는 개념은 이런 원초
적 힘이 분출되는 상태를 말한다.

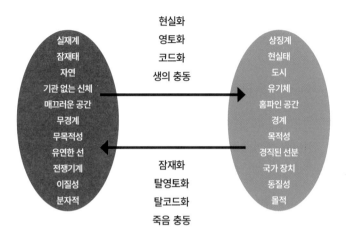

실재계   현실화   상징계
잠재태   영토화   현실태
자연   코드화   도시
기관 없는 신체   생의 충동   유기체
매끄러운 공간   홈파인 공간
무경계   경계
무목적성   목적성
유연한 선   경직된 선분
전쟁기계   잠재화   국가 장치
이질성   탈영토화   동질성
분자적   탈코드화   몰적
     죽음 충동

도식 20. 실재계, 상징계, 잠재태, 현실태, 생의 충동, 죽음충동

폭동, 태풍, 숭고의 경험

우리는 실재를 마주치게 되는 순간에 감당할 수 없는 고통을 경험하게 된다. 혁명, 폭동, 태풍, 홍수, 지진, 핵폭발, 재난, 전쟁, 전염병은 우리가 실재를 마주하는 순간이다. 실재의 귀환은 억압이 일정한 한계를 넘어섰을 때 발생한다. 혁명과 폭동은 사회적인 억압과 규제가 사회적 욕망보다 과도할 때 발생하고, 태풍과 홍수는 과도한 기압차의 압력과 억압에 의해서 생겨난다. 지진은 단층 간의 힘들의 압력에 의해서 발생한다. 전쟁은 표면적으로는 세력 간의 대립에 의해서, 심층적으로는 과잉생산의 축적을 해소하기 위해서 발발한다. 전염병은 인간의 개발 압력이 과도하게 생태계를 억압할 때 그 반발

로 변형된 바이러스들이 발생하는 것으로 볼 수 있다. 실재를 마주하는 순간은 칸트가 말하는 숭고의 경험과 유사하다. 고통과 무기력함을 느끼게 되고 무한한 에너지의 상태를 향해 이완되는 감정을 느낀다.

일본 애니메이션, 폭주

일본 애니메이션의 결말 부분에서는 거대한 폭발이나 괴물의 출현, 폭주 같은 장면을 자주 볼 수 있다. 〈신세기 에반게리온〉의 제3임팩트, 폭주, 〈아키라〉의 핵폭발, 〈파프리카〉의 거인, 〈바람계곡의 나우시카〉의 대폭발, 〈원령 공주〉, 〈진격의 거인〉, 〈데빌맨〉 등에서 거대한 폭주, 폭발, 분출의 장면이 그런 것이다. 이런 장면들은 상징계의 복잡하게 얽힌 질서들을 소거하고 종말을 고하면서도 정화를 하는 역할을 한다. 이런 장면들을 실재가 분출하는 것으로 볼 수 있다. 할리우드 영화에 등장하는 빌런에 의한 테러나 적의 소굴의 폭파 장면과는 달리, 일본 애니메이션에서 나타나는 실재가 귀환하는 장면은 선과 악, 적과 아군의 구분마저 없애면서 상징계 전체를 날려버린다. 이것을 일본이 원폭 피해 경험을 가지고 있기 때문이라고 해석할 수도 있지만, 서사 전체에서 실재의 귀환이 중요한 역할을 하는 것은 주목할 만하다.

신세기 에반게리온, 라캉 정신분석

세기말 신드롬을 불러일으켰던 애니메이션 〈신세기 에반게리온〉(1995)은 정신분석과 대단히 많은 접점을 갖고 있는 애니메이션이다.[14] 전체적 서사의 틀은 사해문서와 아담, 하와, 릴리스, 천사로 구성되는 기독교 서사에 근거한다. 하지만 주인공들의 전체 구도는 오이디푸스콤플렉스와 인정 욕망으로 구성되어 있다. 주인공 이카리 신지는 어머니 유이의 유전자 복제물인 아야나미 레이를 좋아하는데, 아버지 이카리 겐도와 경쟁 관계에 있다. 신지는 어머니가 녹아들어 있는 에반게리온 초호기에 탑승한다. 초호기에 탑승할 때 플러그에서 사용되는 LCL(액체)은 양수를 상징한다. 겐도-레이(유이)-신지의 관계는 전형적인 아버지-어머니-아들의 오이디푸스 삼각형을 의미한다.

아스카는 인정 욕망을 상징하는 주인공이다. 주인공들의 행동의 동기가 더이상 지구를 지킨다는 정의감이나 대의가 아니라, 가족 관계에서 비롯한 결여와 트라우마, 인정 욕망이라는 것이 이데올로기가 사라진 시대에 살고 있는 젊은 세대에 많은 공감대를 가져왔다.[15]

유기체, 생명, 보호

〈신세기 에반게리온〉에는 주인공 신지와 에반게리온이 폭주하는 장면이 자주 나온다. 에반게리온은 생명체를 기계 장갑으로 감싸고 있기 때문에 기존의 기계 로봇과는 다르다. 에반게리온의 장갑은 내부의 생명체를 보호하는 보호복의 역할을 하지만 동시에 억압하는 구속복의 역할을 한다. 이것은 우리의 유기체가 생명에 가하는 보호와 억압을 잘 보여준다. 나아가 상징계가 실재로부터 우리를 보호하면서 억압하는 장면과, 도시가 자연의 원초적 흐름으로부터 우리를 보호하면서 억압하는 장면을 떠오르게 한다. 〈신세기 에반게리온〉이 들뢰즈의 기관 없는 신체나 라캉의 실재를 생각하게 하는 것은 이 때문이다.

질서의 체계인 도시는 무제한적인 흐름인 실재로부터 우리를 보호하고 있지만 동시에 자유로운 흐름을 억압하고 있다. 우리는 질서 안에서 생활하지만 자유로운 흐름을 그리워하고, 흐름이 지나치게 억압되고 응축될 때는 결국 폭발하게 된다. 상징계 안으로 진입한 후에도 실재의 잔여물인 대상 a가 남아 있고 지나치게 상징계의 억압이 심할 때 증상으로 분출하는 것과 유사하다. 생명 자체는 혼돈에 가까운 강도와 흐름이고, 유기체는 생명의 힘을 가둬두면서 최선의 안정된 보호막을 제공한다. 하지만 강렬한 생명성은 그 보호막을 뚫고 나오려 하는데, 그것이 바로 증상이고, 에반게리온의 폭주이다.

인류 보완 계획, 열반, 경계, 고통, 쾌락, 긴장

〈신세기 에반게리온〉에서 모든 억압과 경계를 사라지게 하려는 '인류 보완 계획'은 모든 인류가 하나의 마음이 되는 것인데, 결국 그것은 죽음과 다르지 않다. '인류 보완'은 각자가 가진 방어기제인 AT 필드가 모두 제거되고 무규정적인 LCL의 상태로 돌아가는 것이다. 실재의 완전한 범람은 결국 죽음충동이 완성되는 열반의 경지이다. '인류 보완'이 완성되고 더이상 긴장이 없는 실재의 상태에서는 쾌락도 고통도 없다. 쾌락은 긴장의 이완을 고통은 긴장의 수축을 전제하기 때문이다.

따라서 〈신세기 에반게리온〉의 인류 보완 계획처럼 모든 인류가 하나가 되는 상태인 완전한 실재의 범람을 선택하지 않는다면 어느 정도의 경계와 억압을 인정할 수밖에 없다. 일정한 정도의 억압과 그것의 해소가 카오스모스로서의 정신, 유기체, 도시를 유지하는 데 필수적인 요소가 된다. 그래서 프로이트는 문명은 리비도의 흐름에 대한 억압으로 성립하게 되고, 문명에는 억압에 따르는 불만이 있을 수밖에 없다고 말했다. 정신, 유기체, 도시는 완전한 질서로도 완전한 혼돈으로도 존재할 수 없기 때문에 결국 실재의 상태와 억압적 상징계의 사이, 이완과 긴장의 사이, 카오스와 코스모스의 중간 어딘가에 자리할 것인지를 결정하는 것이 중요한 문제가 된다.

4장 실재에 대한
방어로서의 문명

범람의 지연, 리좀, 무규정적 공간

일시적인 실재의 귀환, 축제, 안식일, 희생 제의, 스포츠, 예술

앞에서 반복하여 말했듯이 혁명, 폭동, 재난, 전염병, 전쟁에서 상징계에 의해 억압되었던 원초적 힘이 분출하는 것을 보게 된다. 이때가 바로 실재가 귀환하는 순간이다. 이것은 끔찍한 고통과 카타르시스를 동반한다. 실재가 귀환하는 것을 어떻게 막을 수 있을까? 이런 파국을 경험하지 않으려면 억압된 원초적인 힘을 가끔씩 흘려보내는 방법이 있다. 상징계에 실재가 한꺼번에 분출하는 것은 고통스럽기 때문에 원초적 힘이 조금씩 분출될 수 있도록 적당히 분출구를 마련하는 것이 중요하다. 인류는 오래전부터 이런 탈출구를 마련했다. 축제, 안식일, 희생 제의가 그런 것이다. 축제는 금기와 규범이 정지되는 기간이고, 억압된 것이 폭발하지 않도록 미리 억압을 일시적으로 풀어주는 것이다. 토마토를 던지고 소에게 쫓기며 뛰어다니는 축제도 혼돈의 힘이 범람할 수 있는 탈출구를 마련하는 것이다. 축제는

축구장, 현대의 원형경기장, 카타르시스

긴장을 이완시키고 억압을 해소한다. 과거부터 인신 살육 제사, 식인 허용 축제carnival는 사회에 원초적 힘을 제한적으로 허용함으로써 실재가 한꺼번에 범람하는 것을 막는 장치였다. 안식일을 갖는 것은 과도한 질서의 체계에서 오는 억압을 해소할 수 있는 여지를 주는 것이다. 연극에서 카타르시스는 억압된 감정을 분출하게 하는 탈출구이다. 원형경기장에서 글래디에이터들이 살육을 하는 장면을 보는 것도 원초적 힘이 분출하는 것을 제한적으로 경험하게 하는 것이다. 이것이 변형된 것이 현대의 스포츠이다. 스타디움에서 축구, 야구를 보는 것은 억압된 감정을 해소할 수 있게 한다. 이와 비슷한 방식으로 음악, 문학, 미술 같은 예술 역시 상징계의 질서에 억압된 감정을 이완하고 해소함으로써 실재가 범람하는 것을 지연시키고 있다고 해석할 수 있다. 예술은 실재의 힘, 충동, 응시를 조금씩 흘려보내면서 실재의 압력을 해소시킨다.

현대사회의 스포츠, 웹툰, 유튜브, 영상 콘텐츠는 매 순간 작은 축제처럼 잉여 주이상스를 제공하고, 억압된 힘을 분출시킨다. 분출이 너무 자주 소량으로 이루어지기 때문에 억압될 시간조차 주지 않는다. 이것들 속에서는 매 순간 모든 장소에서 잉여 주이상스가 제공되기 때문에 실재가 분출할 역량이 소진되어버린다. 예술의 혁명적 역량도 수많은 전시와 갤러리 시스템 안에서 소진된다.

기계, 흐름의 채취, 방어

인류가 사용하는 기계는 흐름과 에너지를 채취해서 그 일부를 사용하는 것이다. 물레방아는 물의 흐름을 사용하고, 댐은 물의 흐름을 막았다가 일부를 흘려보내면서 위치에너지를 전기에너지로 전환한다. 필름 카메라는 태양빛의 에너지의 일부를 채취(이용 혹은 포획)해 필름을 감광시켜 이미지를 보이게 한다. 이렇게 기계는 흐름을 채취하고 그 일부를 사용한다. 물이나 태양의 거대한 에너지가 한꺼번에 우리를 덮치지 않게 방어하면서, 일부만을 새어 나오게 해서leak 그 힘을 사용하는 것으로 해석할 수 있다. 다른 말로 하면 실재의 힘이 범람하여 우리를 덮치지 않게 방어하면서 그 일부를 사용하는 것이라고 할 수 있다. 이와 비슷하게 정신분석에서는 우리의 행동이나 정신 현상을 실재에 대한 방어기제로서 설명한다.

눈, 카메라는 태양에 대한 방어

라캉은 눈 같은 시각기관을 빛에 대한 방어라고 말했다. 대부분 사람은 눈이나 카메라가 빛을 받아들이는 역할에 관심을 갖는데, 라캉은 반대로 빛을 가리는 역할에 주목했다. 만약 눈이나 카메라가 태양빛 전체를 다 받아들이면 시신경이나 필름이 모두 타버릴 것이다. 이것이 실재의 범람이다. 눈의 동공이나 카메라의 조리개는 실재가 범람하는 것을 막기 위해서 태양빛의 일부를 차단한다. 이것이 실재에 대한 방어기제로 작동하는 눈이나 카메라의 역할이다. 하지만 눈이나 카메라가 방어의 역할만 하면 아무것도 볼 수 없거나 찍을 수 없다. 실재인 태양 빛을 새어 들어오게 하면서 실재의 에너지를 활용해서 보거나 찍는 작용을 수행해야 눈이나 카메라로서 방어 역할이 아닌 다른 역할을 할 수 있는 것이다. 여기에서 태양은 실재이고, 눈은 상징계이다. 눈은 시신경의 보는 기능뿐만 아니라 조리개의 보지 않는 기능까지 가지고 있다. 만약 보는 기능만 있다면 눈은 타버려서 작동하지 않을 것이다. 실재를 보는 것은 눈을 멀게 할 수 있다. 그래서 라캉은 우리가 보는 이미지를 스크린에 비유했다. 〈도식 21〉처럼 스크린은 우리를 태워버릴 정도로 강력한 실재의 응시를 방어하면서 우리의 시선으로 볼 수 있을 정도만 실재의 힘을 투영한다.

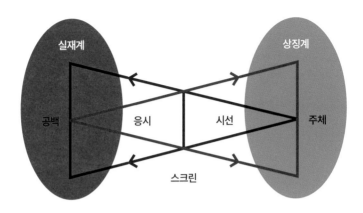

도식 21. 실재계, 상징계, 응시, 시선, 스크린

유기체는 실재에 대한 방어

카메라와 마찬가지로 다른 기계들도 거대한 에너지, 즉 실재
에 대한 방어와 흘려보내기leaking를 하는 것으로 해석할 수 있다. 또
한 우리 몸의 여러 기관과 유기체 전체도 실재에 대한 방어와 흘려
보내기를 실행하고 있다고 볼 수 있다. 들뢰즈는 유기체와 대립하는
개념으로 생명을 설정하고 있다. 유기체는 생명이라는 에너지를 방
어하면서 사용하고 있는 구속복이다. 생명 역시 라캉의 실재와 같은
거대한 에너지이다. 따라서 기계와 유기체는 실재를 방어하고 억압하면
서, 그 힘을 절단하고 채취해서 사용한다고 볼 수 있다.

문명은 충동에 대한 방어

라캉은 문명을 충동에 대한 방어로 본다. 충동은 본능과는 달리 신체와 언어 사이에 존재하는 힘으로, 실재에 가깝게 위치해 있다. 라캉의 관점은 프로이트가 모든 문명에는 억압이 있다고 말한 것과 일맥상통한다. 문명은 무정형적인 성충동과 리비도에 억압을 가하는데, 이것이 바로 라캉이 말하는 충동에 대한 방어이다. 인류의 모든 제도는 실재가 곧장 범람하는 것을 방어하고 지연시키는 장치이다. 모든 시설도 충동과 실재에 대한 방어이면서, 길들이고 새어 들어오게 하는 장치이다. 미술관, 영화관은 시관 충동에 대한 방어, 음악당은 호언 충동에 대한 방어로 해석할 수 있다. 그림은 보려는 욕망과 보지 않으려는 욕망을 모두 만족시킨다. 아무것도 없는 방에 혼자 있을 때 우리는 불안하지만, 그 방에 무엇인가가 그려진 그림이 있다면 우리는 안정감을 느낀다. 우리를 엄습하는 실재의 힘을 이미지가 가려주기 때문이다. 그림이나 스크린은 이미지를 보여주지만 실재의 힘을 가리고 있다고 볼 수 있다. 예술뿐만 아니라 과학이나 학문도 지식을 보여주지만 사실 그 뒤에 숨은 실재를 가리고 있다고 볼 수 있다.

들뢰즈, 우산, 우산에 그린 하늘

들뢰즈도 『철학이란 무엇인가?』에서 비슷한 관점으로 지식과 카오스에 대해 설명한다.[16] 들뢰즈는 기존의 지식이라는 것은 카오스로부터 우리를 보호하는 우산인데, 사람들은 우산 안쪽에 하늘을 그리고 그것을 진짜 하늘이라고 생각한다고 말한다. 즉 학문에는 알고자 하는 욕망과 알고 싶지 않은 욕망이 공존하고, 그래서 우산 너머의 천상을 알고 싶지만 천상을 그대로 마주하면 너무 눈부셔서 타버릴 수 있기 때문에 우산으로 가리고 우산에 하늘을 그린다는 것이다. 그러나 들뢰즈는 예술가들이 우산을 찢고 실재의 하늘을 볼 수 있게 해준다고 말한다. 이런 관점은 라캉이 과학, 예술, 학문 그리고 문명 전체를 충동과 실재에 대한 방어로 보는 관점과 유사하다. 우산이 완전히 사라지면 쏟아지는 비를 감당할 수 없이 맞게 된다. 실재나 충동의 엄청난 힘이 그대로 드러나면 재난이 된다. 그래서 문명은 실재를 방어하고 조금씩 흘려보내면서 그 힘을 사용하는 것이다.

가무한, 실무한

실재는 우리가 직접 마주할 수 없는 무한의 에너지이다. 모세가 신을 마주할 때 신의 옷을 할루크chaluk라고 하는데, 할루크는 감당할 수 없는 광채를 가지고 있다.[17] 인간이 신을 직접 마주하는 것은 죽음을 뜻한다. 20세기에 무한을 직접 마주하려고 노력한 수학자가 칸토어와 괴델이다. 라이프니츠와 뉴턴은 극한으로서의 가무한假無限potential infinity에 만족한 반면, 칸토어는 계산할 수 있는 무한인 실무한實無限actual infinity을 탐구했다. 칸토어는 무한에도 등급이 있으며 크기를 비교할 수 있다는 것을 증명했다. 칸토어는 자신이 발견한 무한을 초한수超限數transfinite number라고 불렀는데, 이를 나타

내는 기호를 처음에는 그리스어 마지막 글자인 오메가(ω)로 명명했
다가, 나중에 히브리어의 첫 글자인 알레프(ℵ)로 다시 명명한다. 정
수와 유리수는 가장 낮은 무한의 등급인 알레프 0이고, 유리수와 실
수는 한 단계 높은 알레프 1이다. 러셀은 모든 것을 포함하는 전체
집합은 없다는 것을, 칸토어는 모든 무한보다 큰 무한은 없다는 것
을, 괴델은 모든 체계에는 증명할 수 없는 명제가 반드시 있다는 것
을 증명했다. 이것은 상징계에 난 실재의 구멍 같은 것이다. 이것은 라
캉의 "메타언어는 없다",[18] "대타자는 없다"[19]라는 말과 일맥상통
한다.

칸토어와 괴델의 편집증, 이카루스

칸토어가 만든 무한론에 대해서 푸앵카레는 "언젠가 치유되
어야 할 질병"이라고 비난했고, 힐베르트는 "우리에게 열어준 낙원"
이라고 칭송했다.[20] 무한에 접근하는 것은 실재에 접근하는 것처럼
고통이자 쾌락, 지옥이자 낙원처럼 느껴질 수 있다. 무한의 등급인
알레프 0, 1, 2, 3, 4… 사이의 알레프 1.5, 2.7 등은 존재하지 않는다
는 가설을 연속체가설이라고 부른다. 칸토어는 말년에 연속체가설을
증명하려고 노력하다가 점점 미쳐갔다. 칸토어는 셰익스피어의 작
품이 철학자 베이컨이 쓴 것이라고 굳게 믿고 있었고 그것을 증명하
기 위해서 애썼다. 이것은 대표적인 편집증의 해석 망상 증상이다. 신
기하게도 괴델 역시 연속체가설을 증명하려고 노력하다가 칸토어와
같은 편집증의 해석 망상 증상으로 미쳐갔다. 괴델은 라이프니츠의

저술이 본인 것이 아니라는 것을 증명하기 위해서 애썼다. 연속체가
설은 결국 참인지 거짓인지 판별할 수 없는 것으로, 즉 체계 내에 존
재하는 불완전성정리의 사례로 코엔이 증명했다. 무한을 다루는 연속
체가설은 실재로 개방된 구멍이라고 생각할 수 있다. 이카루스가 태
양에 가까이 다가가다가 밀랍이 녹아서 추락했듯이 칸토어와 괴델
은 무한의 모습을 직접 보기 위해서 무한에 너무 접근했다가 미쳐버
린 이카루스라고 해석할 수 있다.

기술, 진보, 퇴보

기술은 진보인가? 타락인가? 바벨인가? 에덴인가? 기술은 실
재의 힘을 사용하지만, 실재가 완전히 범람하는 것을 방어하면서 조
금씩 새어 나오게 한다. 실재로부터 생명체가 생겨나고 생명체의 수
명이 조금씩 더 길어지고 그 구조가 복잡해지는 것처럼 기계도 점
점 정교해지고 복잡해진다. 하지만 유기체의 궁극적 도달 지점이 생명
그 자체로서, 실재의 상태이고, 자연의 에너지와 합일된 죽음의 상태
인 것처럼 기술의 궁극적 도달 지점 역시 자연이고 실재이다. 단지 실재
가 곧장 범람하면 감당할 수 없기 때문에 유기체나 기술은 실재를
방어하고 지연시키고 있는 것이다. 기술이 진보이면서 타락으로 보
이는 것은 기술의 인공성이 자연으로부터 멀어지는 것처럼 보이지만
궁극적으로 자연의 상태에 가까워지려는 시도이기 때문이다. 기술은 자연
의 흐름에 대해서 방어하지만 흐름을 이용하고 결국 자연과 비슷해
지려 한다. 그렇기 때문에 모든 기술과 문명에는 항상 실재의 흔적,

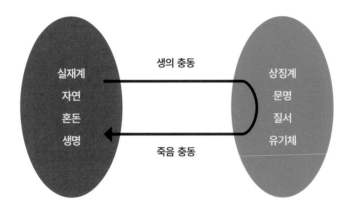

도식 22. 유기체, 문명, 죽음충동

카오스의 흔적이 남아 있다. 〈도식 22〉처럼 고도의 질서를 추구하는 유기체나 기술도 결국 실재, 자연, 죽음, 카오스의 상태로 돌아가는 것을 지향한다.

공적 영역, 느린 속도, 무목적성, 증상적 공간

도시도 원초적인 힘과 에너지에 대해 방어하고 그 일부를 채취하고 사용한다. 도시는 자연에 경계를 만들고 영토를 나눠서 사적인 것으로 만든다. 바타유가 지적한 것처럼 에너지의 과도한 축적이 문제를 불러올 수 있다. 도시에서도 과잉 축적된 부분을 해소하는 방식이 필요하다. 사적 영역을 공적 흐름에 내놓는 것도 과잉 축적을 해소하는 방식이다. 공적 영역은 낭비처럼 보일 수 있지만 과잉

센트럴파크, 느린 속도의 도시의 공적 공간

축적된 에너지가 흘러가게 하고 억압을 해소하는 방식 중 하나이다. 빠른 속도의 도시에서는 공원 같은 느린 속도의 공적 공간을 만들고 그것이 연속적으로 흘러가게 하는 것이 중요하다. 그것은 공백이나 정지의 역할을 한다.

　공적 영역(공적 공간)은 유용성으로부터 벗어난 공간이다. 공적 영역은 목적이 없는 무목적적 공간이고, 유용성의 기준에서 보면 낭비로 보일 수 있다. 공적 영역은 분할 이전의 상태이고, 사유재산 이전의 근본적인 상태다. 공적 공간은 시스템을 파열하고 흐름이 분출하는 공간이어야 한다. 공적 공간은 규정되어 있지 않은 무규정적인 상태이고, 돈을 내지 않고 모두가 공유할 수 있는 공간이다. 경제적으

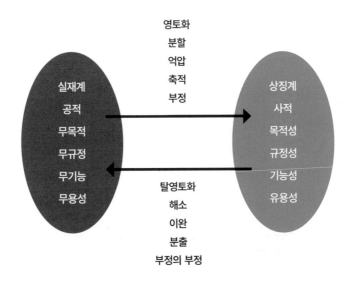

도식 23. 무목적성, 목적성, 억압, 해소, 부정의 부정

로 증여나 기부, 부의 재분배에 해당하는 것이 도시에서의 공적 공간이다. 공적 공간은 문화적으로 축제처럼 감정을 해소하는 역할을 한다.

공백이나 사건이 시스템에 새로운 활력을 주는 것처럼 공적 공간은 자본주의 도시에 파탄을 가하는 것이 아니라 오히려 활력을 준다. 리좀, 유연한 경계, 유연한 질서는 실재는 아니지만 실재의 파국적인 귀환을 지연시킬 수 있고, 시스템을 업그레이드할 수 있다. 이렇게 자본주의의 질서에 구멍을 내는 공간을 증상적 공간이라고 부를 수 있다.

헤겔, 맑스, 변증법, 부정의 부정

공적 영역이 영토화되어 사적 영역이 되었다가, 다시 탈영토
화되면서 공적 영역이 되는 것은 맑스가 말하는 역사 발전 과정(원시
공산제-고대 노예제-중세 봉건제-근대 자본제-공산제)과 유사하고, 라
캉이 말하는 정신발달 과정(소외-분리-생의 충동-죽음충동)과도 비슷하
다. 이 과정들은 공통적으로 무규정적인 실재계의 상태를 부정하면
서 규정적인 상징계로 나아가고(〈도식 23〉에서 '영토화', '부정'의 화살
표), 다시 상징계를 부정하면서, 즉 한번 부정된 것을 다시 부정하면서
실재계로 나아가는 과정(〈도식 23〉에서 '탈영토화', '부정의 부정'의 화살
표)을 가리킨다. 맑스와 라캉이 이렇게 공통적으로 부정의 부정을
실행하는 변증법적 과정을 따르는 것은 헤겔의 강한 영향을 받고 있
기 때문이다.

헤겔이 『정신 현상학』에서 의식이 경험을 통해 절대정신에 도
달하는 과정(감각-지각-지성-자기의식-이성-객관정신-절대정신)은 부
정의 부정의 변증법을 통해 결국 하나의 원환을 구성하는데, 이것은
맑스의 역사 발전 과정과 라캉의 정신발달 과정에 큰 영향을 주었
다.[21] 이는 공적 영역이 부정되어 사적 영역이 되고, 부정된 사적 영
역이 다시 부정되어 공적 영역이 되는 과정과도 동일하다.[22]

공적/사적, 박탈, 예속, 자아 심리학/실재 심리학

사적privé/private이란 단어는 박탈되었다deprived는 뜻이다. 공적

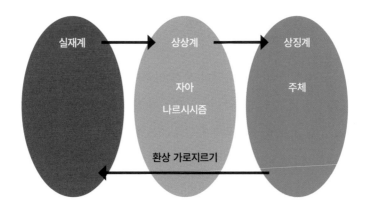

도식 24. 실재계, 상상계, 상징계, 자아, 주체, 환상 가로지르기

인 상태에서 어떤 것을 박탈한 상태가 사적이라는 의미다. 경계 없
는 공적인 상태는 보다 더 원초적이다. 자아가 예속에 의해서 주체
가 되는 것처럼 공적 영역은 분할되면서 사적 영역이 된다. 사적 영
역은 억압이 가해진 상태다. 자아는 상상계에 속하고, 주체는 상징계에
속한다. 상상 속의 자아는 언어가 빗금을 치면서 주체로 탄생한다.
주체로 탄생하는 것은 언어와 상징계에서는 일정 부분 그대로 실현
힐 수 없는 것이 있음을 깨닫고 사회에 순응하는 과정이다. 자아의
벽은 외부와 나를 나눈다. 〈도식 24〉에서 볼 수 있는 것처럼 자아와
주체 모두 실재에서의 어느 정도의 박탈을 전제로 한다.

자아, 나르시시즘, 사적 영역

한번 형성된 자아는 스스로를 방어하려 하고, 인간은 누구나 사적 영역을 갖고 싶어 한다. 주택-자동차-카페-편의점-PC방-핸드폰 모두 자신의 사적 영역과 자아를 지키려는 노력이다. 라캉은 미국의 자아 심리학이 자아를 지키는 데에만 집중한다고 비판한다. 라캉의 실재 심리학은 자아의 상상계를 깨고 실재의 진실을 맞닥뜨리는 데에 집중한다. 그 진실이 끔찍한 것이라 할지라도 그것을 마주한 주체는 환상을 가로지르고 새로운 주체로 태어난다.[23] 라캉의 정신분석은 자아와 주체 형성 이전의 상태를 겨냥한다. 공적 공간은 실재를 마주하는 것과 비슷하다. 사적 공간 이전의 진실을 마주하는 것이다.

도시에서 담장이나 경계는 도시의 흐름을 차단하는 대표적인 것이다. 담장으로 둘러싸인 인위적인 공동체는 잉여가치와 흐름을 재영토화한 것이다. 폐쇄적인 아파트 단지는 리비도가 외부의 대상으로 향하지 않고 자아를 향하는 나르시시즘의 상태와 유사하다. 담장으로 둘러싸인 클럽하우스, 학교도 마찬가지이다. 리비도의 흐름이 고착되지 않고 흘러가도록 해야 정신의 문제가 생기지 않는 것처럼 도시에서도 흐름에 대한 지나친 억압을 해체하고 흐름이 흘러가게 해야 한다.

모든 사적 공간을 공적으로 만들 필요는 없다. 그것은 오히려 자아를 갖고자 하는 모든 인간의 욕망을 억압하는 것과 유사하다. 하지만 지나치게 사유화된 자본주의 도시에서는 최소한의 행복을 보장해줄 수 있는 공적이고 사회적인 공간이 모두에게 제공될 필요가 있다.

아렌트, 정치와 경제, 사회

한나 아렌트는 『인간의 조건』에서 정치, 가정, 사회에 대해서 설명한다. 그리스시대에는 인간의 이성logos,[24] 말, 설득이 작동하는 공간을 정치polis라고 보았다. 가정oikos은 인간의 생명을 유지하는 데 필요한 것, 즉 먹고사는 문제를 담당하는 곳이었다. 인쇄술, 인터넷, 매스미디어가 발달한 지금과는 다르게 그 당시에는 사적 영역에서는 누릴 것이 별로 없었다. 따라서 가정은 공적인 삶을 박탈당한 사적인prive 영역이었다.[25] 경제, 즉 economy의 어원인 오이코노미아oikonomia는 가정을 관리하는 일이란 뜻이다. 그리스인들은 정치는 공적인 것, 경제는 사적인 것으로 보았다. 중세 봉건 체제가 확립되면서 생산구조가 정치구조를 대신했다. 노동 중심의 경제적인 것이 정치적인 것을 대체했다. 근대에 와서는 경제의 공적 성격이 더욱 커지면서 정치의 공적 영역은 축소되었다는 것이 아렌트의 주장이다. 아렌트는 사회적인 것은 경제적 가치나 생산성 같은 단일 척도로 모든 것을 평가하는 것이고, 정치적인 것은 복수성과 다양성의 가치를 중시하는 공동 생활이라고 말한다. 아렌트는 통념과 달리 사회적인 것을 사적인 것에 가까운 것으로 본다. 아렌트는 정치적인 것의 회복을 주장한다. 아렌트는 사적 소유의 축소가 사회주의혁명을 대체할 수 있다고 생각했다. 이것은 경제 위주의 시장경제체제에서 국가 주도의 복지국가 체제로의 전환을 주장하는 것이다. 우리는 이것을 도시에서 공적 영역의 확장으로 해석할 수 있다. 아렌트가 경제를 사적 영역으로 해석한 것은 자본주의 체제가 사유재산과 사적 영역을 강조한 것과 연결된다. 흐름의 과잉과 리비도의 과도한 고착이 억압된 실재의 파국적 귀환으로 이어지는 것처럼 사적 재산과 사적 영역을 지나치게 강조하는 것은 필연적으로 혁명으로 이어진다고 해석할 수 있다.[26] 결국 혁명과 실재의 귀환을 지연시킬 수 있는 방법은 사적 영역의 축소에 있는 것이다. 연극이나 영화가 카타르시스의 역할을 하는 것처럼 억압을 해소하는 도시적인 장치가 필요하다.

표 20. 한나 아렌트의 구분

정치	가정
polis	oikos
국가	경제
공적	사적
정치적	사회적
차이	단일 척도
다양성	생산성

리좀, 나무, 신자유주의

실재의 범람을 지연시키면서도 상징계의 과도한 질서로 빠져들지 않는 것은 어떻게 가능할까? 들뢰즈의 리좀은 그 방법론을 제시한다. 리좀은 자유로운 흐름이 있다는 점에서 실재와 비교될 수 있지만, 혼돈 그 자체인 실재보다는 질서가 있는 상태이다.[27]

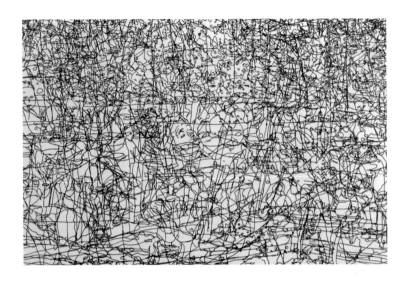

마크 잉햄, <보이풀: 리좀>, 1998-99

　　소수자들이 리좀을 만들면서 시스템으로부터 탈영토화하면, 다수자들은 그것을 다시 재영토화하려 한다. 이때 다수자들은 수목적 구조뿐만 아니라 리좀적 구조를 사용한다. 예를 들면 도시에서 예술가들이 낙후된 공장 지역이나 주택가에 정착하여 지역이 활성화되고 상점, 카페, 식당이 생기고 사람들이 몰려들게 되면, 거대 자본이 손을 뻗어 상점, 카페, 식당을 프렌차이즈화하고 건물을 사들이고 임대료를 올린다. 이에 따라 그곳을 활성화한 예술가와 원주민(소자본)은 젠트리피케이션으로 인해 그곳을 떠날 수밖에 없고 다른 곳에 정착하게 된다. 서울의 홍대, 가로수길은 이런 동일한 운명을 겪었다. 소수자의 리좀적 탈주와 탈영토화, 그것을 추적하는 다

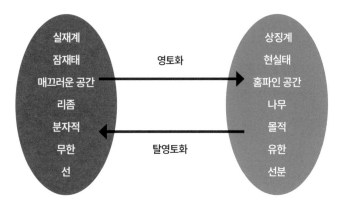

도식 25. 실재계, 상징계, 잠재태, 현실태, 리좀, 나무

수자의 재영토화와 축적은 반복된다. 자본주의도 리좀적 구조를 활용하여 아주 미세한 곳까지 뻗어 나가고, 그곳에서 채취한 잉여가치를 재영토화한다. 자본주의는 리좀과 나무를 자유롭게 오가면서 잉여가치를 흡수하고 축적한다. 〈도식 25〉처럼 신자유주의 피로사회에서 리좀적 구조까지 침투한 자본의 흐름은 잉여 주이상스를 제공하면서 과도한 흐름을 만들고, 계속 축적되고, 상징계는 점점 촘촘해진다. 그렇다면 리좀은 더이상 저항의 수단이 될 수 없을까?

이런 상황에도 불구하고 리좀은 자본주의의 성격에 저항하고 그것을 완화하고 개선하는 방법이 될 수 있다. 리좀, 전쟁기계, 유연한 선, 매끄러운 공간, 분자적인 것은 상징계의 촘촘한 경계로부터 탈주를 시도할 수 있기 때문이다. 리좀은 절대선이나 절대악이 아닌 도구이자 상태로서, 양날의 검이라고 할 수 있다.[28] 리좀은 하나의 뛰어난

도구로 누가 어떻게 사용하느냐에 따라서 해방의 도구로도 착취의
도구로도 사용할 수 있다. 중요한 것은 과도한 순환과 축적, 고착을
피하고 자유로운 순환을 만드는 것이다. 이것은 생태계의 순환을 지속하
게 하는 환경의 문제이고, 리비도의 흐름을 고착 없이 순환하게 하는 정
신분석의 문제이기도 하다.

거시적 흐름/미시적 흐름

들뢰즈와 과타리는 흐름을 거시적 흐름과 미시적 흐름으로
구별한다. 흐름은 굳어지면 선이 되고, 분할되면 선분segment이 된다.
거시적 흐름은 변화하기 어려운 권위적이고 경직된 선rigid line이고,
미시적 흐름은 입자들이 흘러다니는 양자적 흐름quantum's flux이다.
예를 들어서 거시적 흐름이 국가의 통제의 선이라면, 미시적 흐름은
군중의 분출하는 움직임이라고 할 수 있다. 경직된 선은 다수자와 거대
자본의 흐름을, 유연한 선은 소수자와 소규모 자본의 흐름을 말한
다. 이런 대조는 도시에도 그대로 드러난다. 이 대조를 정리하면 〈표
21〉과 같다.

표 21. 거시적-미시적, 경직된 선-유연한 선 대조표[29]

경직된 선	유연한 선
선분성	흐름
선분으로 이루어진 선	양자로 이루어진 흐름
거시 정치	미시 정치
거시 선분성	미시적 흐름, 짜임
국가장치	전쟁기계
코드화, 초코드화	탈코드화
영토화, 재영토화	탈영토화

무규정적 공간, 경계 없는 공간, 매끄러운 공간

광장 같은 외부공간뿐만 아니라 실내 공간에도 카페와 도서
관의 혼합, 업무 공간과 카페의 혼합 같은 다양한 시도가 있다. 그
런 공간들은 무규정적 공간, 경계 없는 공간, 제3의 공간 같은 다양
한 이름으로 불린다. 이런 시도는 들뢰즈가 말하는 잠재성이 극대화
된 공간, 기관 없는 신체, 매끄러운 공간을 떠올리게 한다. 실재가 분할
되지 않고 수로화되기 이전의 상태라는 것을 생각할 때, 마그마처럼
부글거리는 실재나 무규정성이 다시 끓어오르는 것처럼 보인다. 이런
공간은 실재의 자유로운 흐름을 드러내고 탈영토화하는 공간일 수
도 있지만, 이런 매끄러운 공간 역시 자본주의가 구성한 재영토화의
공간일 수도 있다. 즉 자본주의의 환상을 가로질러 진실을 마주하게
하는 자유로운 공간일 수도 있지만, 자유로운 흐름 속에서 자신을

스스로 착취하게 만드는 성과사회의 간계일 수도 있는 것이다.

이렇게 매끄러운 공간과 무규정적인 공간은 이중적 측면을 가지고 있다. 그 이유는 우리가 살펴본 것처럼 극단적 자본주의는 리좀 구조를 사용해 사람들을 통제하지만, 동시에 마치 실재의 흐름처럼 숭고의 감정을 유발하고 있기 때문이다. 진정한 실재와, 자본주의가 만드는 실재와 닮은 흐름의 중요한 차이점은 진정한 리좀, 실재, 매끄러운 공간은 그 흐름이 고착이나 축적을 만들지 않고 끊임없는 순환을 생성한다는 점에 있다. 자본주의의 리좀과 매끄러운 공간도 끊임없이 순환하지만, 그 순환은 결국 축적과 고착을 위한 것이다. 프로이트와 바타유가 지적하듯이 리비도의 과도한 고착은 정신 질환으로 이어지고, 잉여가치의 과도한 축적은 전쟁으로 이어진다. 맑스가 지적하듯이 진정한 순환을 구별할 수 있는 것은 생태적인 관점이다.

<벌거벗은 도시>, 현대도시

국제 상황주의자들이 제안한 〈벌거벗은 도시〉는 공간의 속도가 느리고, 목적이 없고(칸트), 유용성이 없고(바타유), 경첩joint[30]에서 벗어난 도시를 말한다. 목적 지향적이고 기능적인 근대도시와 구별되고, 속도가 빠르고 촘촘한 선들로 구성된 현대도시와도 구별된다. 자본주의가 만드는 현대도시의 매끄러운 공간은 진정한 실재와 구별하기 어려울 수 있다. 하지만 자본주의의 리좀적 확장은 리좀으로 해체할 수 있고, 자본주의의 환상은 또 다른 꿈에 의해서 깨질 수 있다.

결론

지금까지 3권에서 실재와 증상, 사건과 공황에 대해서 자세하게 집중적으로 그리고 반복적으로 살펴보았다. 먼저 욕망에 대한 대립적인 관점을 스피노자-니체-들뢰즈와 데카르트-헤겔-라캉의 대립 구도를 통해서 설명했고, 들뢰즈의 발생 이론과 바디우의 사건 이론을 비교해보았다. 이런 대립 구도는 동역학적 측면과 언어학적 측면, 미적분과 집합론 같은 대립의 오래된 계보에 속한다. 들뢰즈의 잠재성과 바디우의 공백은 대립하는 것처럼 보이지만, 라캉의 실재 개념에 연결되고, 복잡계과학의 개념 안에서 만날 수 있다는 것을 자세히 설명했다.

질서 체계 안에는 체계를 뚫고 올라오는 설명할 수 없는 빈틈과 균열이 존재하는데, 그것이 프로이트-라캉의 증상이고, 증상 개념은 자본주의의 공황, 괴델의 불완전성정리, 아감벤의 호모 사케르와 서로 통한다는 것을 분석했다. 그리고 이런 것이 도시에서 헤테로피아나 설명될 수 없는 영역들과 연관되는 것을 살펴보았다. 20세기는 질서 밑에서 혼돈을 발견하고, 질서 체계에 있는 공백에 대해서 탐구하는 것이 공통적인 주제라는 것을 알 수 있었다.

증상은 상징계에 포섭될 수 없는 실재가 귀환하는 것이다. 우리가 자주 혼동하듯이 현대도시의 과도한 흐름은 마치 실재와 같은 느낌을 주는데, 진짜 실재가 아니라 상징계 내의 홈을 흐르는 과도한 흐름일 뿐이다. 진짜 실재가 범람하면 홍수, 전쟁, 전염병 같은 거대한 재난 상황을 유발한다. 그것은 도시에서는 자연재해, 혁명, 축제 같은 비일상적 현상의 경험으로 나타난다. 이런 실재의 귀환이 발생하는 것은 상징계에 과도한 흐름과 축적이 있기 때문이라는 것이 바타유의 통찰이었다. 실재가 귀환하는 재난적 상황을 지연시키기 위해서는 상징계의 흐름을 조직하고 과도한 축적을 해소해야 한다.

바디우는 이런 현상들을 집합론으로 설명한다. 한 집합의 부분집합인 멱집합의 개수는 항상 원래 집합의 수를 넘어선다. 그는 이로부터 한 사회에서 초과하는 것이 항상 발생한다는 것을 설명한다. 무한한 흐름이 유한한 시스템을 초과하는 것은 각 분야에서 다양한 이름으로 불리고, 다양한 현상으로 나타난다. 초과, 돌출, 사건, 증상, 공황, 혁명이 그런 것들이다. 이것들은 시스템을 초과하는 것으로 시스템을 흔들지만, 이것들을 통해서 시스템은 변화하면서 다시 안정된다. 구체제에서 새로운 체제로 변화한다는 측면에서는 파괴이고 전복이지만, 전체 시스템의 관점에서 보면 이런 초과 요소들은 시스템이 완전히 파국을 맞이하여 붕괴하는 것을 막아주면서, 시스템을 진화시키고 안정되게 만드는 요소들이다.

증상, 공황 같은 초과 요소들로 인해 억압된 실재가 분출하고 체제가 정지된다. 이에 따라 증상과 공황은 정신, 사회, 도시를 붕괴시키면서 동시에 변화시킴으로써 정신, 사회, 도시에 새로움을 가져온다. 이것이 증상과 공황의 부정적이면서 긍정적인 이중적 역할이다.

도시의 정신분석을 마치며:
인간 다음의 도시

가이아의 침입, 실재의 귀환

이자벨 스탕제르는 『파국의 시대In catastrophic times』(2015)에서 2008년 카타리나 태풍처럼 "누구도 원하지 않았고 준비하지 않았으나 그것이 닥치고 있는 상황들"에 대해서 설명하고 있다. 이 책의 원제목은 '가이아의 침입intrusion'인데, 이것은 라캉이 말했던 실재의 귀환과 같은 맥락이다. 스탕제르는 인간만이 의식이 있는 것이 아니라 모든 미생물과 지구가 네트워크로 연결되어 의식을 가지고 있다고 생각하고 있고, 자연이 인간이 다룰 수 있는 도구적 대상이 아니라 상호작용하는 생명이라는 것을 강조한다. 자연에 대한 인간의 태도가 과도할 때, 가이아는 우리를 침입하기 시작한다. 기후변화와 팬데믹은 가이아의 침임의 예이다.

들뢰즈, 가타리, 기계권

들뢰즈와 과타리가 『천 개의 고원』에서 말한 '기계권'은 기계만을 이야기하는 것이 아니라 생명, 기계, 인간이 구별되지 않는 상태를 말한다. 기계권은 스피노자의 일원론적 용어로는 이분법적이고 도구적 사고를 떠난 전일적인 사고를 요구한다. 즉 지구 전체를 생명으로 보는 가이아이론에서 한발 더 나아가 인공물까지도 상호작용하는 생명체로 이해해야 한다는 사고이다. 동물이 도구가 아니라 생명이듯이 기계도 도구가 아니라 생명으로 볼 수 있다. 기계도 인간과 함께 공진화하고 공존하는 생명인 것이다.

과잉 흐름, 과잉 축적, 환상

자본주의의 태생적인 문제인 과잉생산은 과잉 흐름을 낳고, 상품 판매를 위한 시장 확보 노력은 기술과 결합되면서 전 지구적인 흐름과 공간의 확장을 낳는다. 흐름의 확대는 사이버공간과 미세한 영역까지 침투하기에 이른다. 이런 변화는 법과 제도가 만드는 규율사회를 끝없는 흐름의 피로사회로 전환시킨다. 현대사회의 문제는 과도한 흐름에 있다. 생태적 순환의 흐름이 아니라 고착을 강화시키는 흐름이 문제인 것이다.

원시사회 이후로 현대까지 흐름이 가속화되고, 고착이 강화되면서 빈부 격차가 심해지고 있다. 자연은 필요한 만큼만 소비하고 과도한 축적을 하지 않아서 흐름의 순환을 거스르지 않는다. 인간만은 생태계의 흐름을 거슬러서 과잉 축적에 집착한다. 이 과잉이 지나칠 때 그것은 '저주받은 몫'이 된다. 고착이 심해지면서 더 이상 순환이 되지 않을 때 공황, 전쟁이 발생한다. 전염병도 인간의 과도한 흐름과 축적이 초래한 결과로 볼 수 있다.

인간은 동물과는 다르게 환상이라는 체계를 가지고, 가치를 형성하고 이데올로기를 구성한다. 이런 상상계적 작용은 인간 사회의 토대를 이루지만, 환상에 의해서 부풀려진 부의 가치와 그것의 축척은 한순간에 무너지고 그 밑바닥이 드러나게 된다. 그 토대의 밑바닥에는 실재가 있다. 환상은 현실 사회에 필수 불가결하지만 그것이 환상이라는 것을 깨달아야 한다.

상전이, 저항, 특이점, 탈코드화, 탈영토화

흐름, 순환, 고착의 정도에 따라 정신 병리, 사회 병리, 도시 병리가 나타나는데, 이것들은 상당히 유사한 양상으로 나타난다. 정신, 사회, 도시에는 다음 단계로 이행할 때 저항이 존재한다. 그것은 감당할 수 있는 이상의 과잉을 거부함으로써 체계를 유지하기 위한 방어이다. 얼음, 물, 수증기에서도 상전이 상태에서는 저항이 존재한다. 그 저항을 뚫고 그다음 단계로 넘어가면 탈영토화, 탈코드화가 이루어지면서 더 자유로운 흐름의 단계로 이행한다. 이 단계에서 기술의 발전과 공간의 확장은 중요한 역할을 한다.

양자역학, 인공지능과 로봇 기술의 발전 속에서 정신, 사회, 도시는 다음 단계로 이행할 것인가, 생태적으로 현재 상태에 머물 것인가의 기로에 서 있다. 기계와 인간의 경계가 사라져 하나의 흐름이 되고, 삶과 죽음의 경계가 사라지는 탈코드화와 탈영토화가 이루어지는 지점이 특이점이다. 기술의 발전은 자연과 닮은 매끄러운 공간이 되어가는 것 같지만, 과잉 축적의 문제가 해결되지 않는한 사실 더 촘촘한 상징계와 과도한 흐름이 된다는 것을 유의해야한다.

사이버펑크, 기계와 인간의 융합, 생명체로서의 도시

1960년대부터 유행한 사이버펑크는 SF 장르의 비전처럼 하나의 장르를 이루었다. 〈블레이드 러너〉, 〈아키라〉, 〈총몽〉, 〈공각기동대〉, 〈트랜센던스〉, 〈채피〉. 〈업그레이드〉 같은 영화나 애니메이션은 신체와 기계의 융합을 상상하게 만들었으며, 인공지능과 전자기술의 발달은 상상을 현실로 만들고 있다. 가까운 미래에 기계도 정신을 갖게 되고, 정신은 인간만의 고유물이 아니게 될 수 있다. 미셸 푸코는 『말과 사물』의 결론에서 인간의 죽음에 대해서 이야기한다. 인간은 바닷가에 그려진 그림처럼 사라질 것이라고 말한다. 인간중심주의의 종말 이후 포스트인간주의Post-humanism, 트랜스인간주의Trans-humanism에 대한 이야기가 들려온다. 도시도 인공물이 아닌 하나의 생명체로서 생명-도시를 향해가고 있다.

기술이 도달하는 최종 단계는 기술이 느껴지지 않는 상태이다. 그 단계에서는 기술이나 기계의 모습이 자연과 구별되지 않고, 과학은 더이상 마법과 구별되지 않는다. 기술이냐? 자연이냐? 가장 발전한 기술은 결국 자연과 가까워지는 것이다. 인공지능과 자율주행은 기계의 생명화를 지향하고 있다. 물류가 기계에 의해서 생산되고 이동하는 자동화 도시, 인간이 운전하는 자동차가 도로에서 사라지게 되는 도시가 다가온다. 하지만 기술이 점점 발달할수록 도시는 자연을 거스르지 않는 방향으로 발전해야 한다. 도시는 기계의 모습으로부터 정신을 가진 거대한 생명체로 발전하고 있다.

정신, 기술이나 도시가 감당할 수 있는 흐름의 수준에는 한계가 있다. 그 흐름을 넘어서버리면 주체와 대상 자체가 변화해야 생존할 수 있을 것이다. 어쩌면 인간 다음의 도시에서는 지금 우리가 알고 있는 인간의 개념을 넘어서는 인간만이 생존할 수도 있다.

미주

1부　**욕망, 변화, 복잡계: 들뢰즈 vs 바디우**

1　　전경갑,『욕망의 통제와 탈주』, 4쪽.

2　　같은 책, 7쪽.

3　　같은 책, 59쪽.

4　　프로이트는 생의 충동과 죽음충동을 근본적인 두 가지 충동으로 보았다.

5　　맹정현,『리비돌로지』, 346쪽. 맹정현은『안티 오이디푸스』에서 들뢰즈가
　　　욕망을 충동과 구분하지 않고 사용한다고 지적한다.

6　　바디우는 이 책에서 일의성, 방법, 잠재성, 시간과 진리, 영원회귀와 우연,
　　　외부와 주름이라는 항목에 따라 들뢰즈와 자신의 철학을 비교하고 있다.

7　　알랭 바디우,『들뢰즈: 존재의 함성』, 132쪽.

8　　같은 책, 133쪽.

9　　같은 책, 140쪽.

10　　같은 책, 192쪽. 이런 점에서 바디우는 말라르메의『한 번의 주사위가 결
　　　코 우연을 없애진 못하리라Un coup de dés jamais n'abolira le hasard』
　　　(1897)를 긍정하는 말라르메주의자이고, 들뢰즈는 그 반대편에 선다.

11　　같은 책, 169-170쪽.

12　　같은 책, 174-176쪽.

13 바디우는 『존재와 사건』에서 체르멜로-프랭켈의 집합론, 코엔, 칸토어의 이론을 이용하여 토대 공리, 선택 공리, 초과점 정리 등으로 사건과 주체 이론을 만들고 있다.

14 라이프니츠가 무의식이라는 용어를 처음 사용했다는 점도 주목할 만하다. 하이데거의 심연, 토대 없음abgrund도 무의식과 비교해 생각할 수 있다. 프로이트 이후의 철학자들에게 무의식의 개념이 나타나며, 특히 구조주의 의 구조는 무의식과 직결되는 개념이다.

15 들뢰즈가 『의미의 논리』, 「역설들의 계열 2: 표면 효과들」에서 폴 발레 리를 인용하면서 한 말이다. 질 들뢰즈, 『의미의 논리』, 59쪽. 이 인용문 의 원문은 다음과 같다. "Ce qu'il y a de plus profond en l'homme, c'est la peau[인간에게 가장 깊이가 있는 것은 바로 피부다]." Paul Valéry, "L'Idée fixe"(1931), *Œuvres II*, pp. 215-216.

16 Gilles Deleuze, *Différence et Répétition*, pp. 279, 323. 헤르만 헤세는 『데미 안』에서 "알은 세계이다Das Ei ist die Welt"라고 말한다.

17 김상환, 〈들뢰즈와 철학의 귀환〉.

18 위와 같음.

19 조 휴즈는 『들뢰즈와 재현의 발생』 전체에 걸쳐서 『차이와 반복』, 『의미의 논리』, 『안티 오이디푸스』가 동일한 발생의 과정을 설명하고 있다고 말한 다. 조 휴즈, 『들뢰즈와 재현의 발생』 참조.

20 공백vide은 공집합이라는 의미도 갖는다. 바디우의 철학에서 공집합vide 은 모든 존재를 구성하는 기본이 된다. 마치 집을 구성하는 기초처럼 존재 를 지탱하고 있지만 그 모습은 보이지 않는다. 사건은 공백의 성격을 갖 는다.

21 이 〈도식 2〉는 엄밀하게는 〈도식 1〉처럼 3개 층으로 그려야 한다. 하층에 는 마그마와 같이 부글부글 끓는 흐름, 에너지, 차이가 우글대는 강도적 차원이, 중층에는 잠재성과 이념의 차원이, 상층에는 현실성의 차원이 있 다. 특이점은 중층, 즉 잠재태에서 구조의 일부로서 성립하는데, 잠재태가 현실화하면서 변형된 모습으로 현실태에 모습을 드러내게 된다.

22 김상환은 2011년 12월부터 2012년 2월까지 서울대에서 열린 세미나 중 2012년 1월 26일 세미나에서 푸앵카레의 특이점을 아무리 말해도 끝없는

의미를 분출하는 예술 작품(시, 소설, 영화, 음악, 건축)과 비교한다.

23 맹점은 뇌의 시신경과 연결되는 지점이라서 모든 시각 정보를 종합하지만, 그 지점에는 시신경이 없어서 시각 정보가 부재한다. 대상 a는 실체와 의미가 없는 환상이지만 상상, 상징, 실재 사이에 위치하면서 세 영역을 연결하고, 시스템을 운동하게 만드는 대상이다.

24 엄밀하게 설명하면 특이점은 잠재적 차원에서 구조의 요소로서 성립되고, 특이점이 현실적 차원에 모습을 드러낼 때는 변형된 모습으로 나타난다. 들뢰즈가 잠재적 차원과 현실적 차원이 문제와 해법처럼 서로 연관성이 있지만 닮지는 않았다고 설명하는 것처럼 특이점이 직접적으로 모습을 나타내는 것은 아니며, 구조가 현실화된 모습으로서 나타난다.

25 바디우는 잠재태를 설정하지 않기 때문에 바디우의 도식에서 빨간색 부분을 잠재태로 볼 수는 없다. 바디우는 잠재태 대신에 공백으로 변화와 새로움을 설명하기 때문에 빨간색 부분은 공백이 우글거리는 장소라고 해석해볼 수 있다.

26 바디우에게 존재는 셈해진 것의 의미를 갖는 반면, 하이데거에게 존재는 비정합적 다자의 성격을 갖는다. 라캉의 용어로 말하면 바디우의 존재는 상징계에, 하이데거의 존재는 실재계에 위치한다고 볼 수 있다.

27 비정합적 다자인 공집합들이 하나로 세어지기compte-pour-un를 통해서 정합적 다자multiple consistant가 된다.

28 정확히 말하면 상황의 구조, 상황의 상태가 지식의 백과사전적 체계를 뜻한다. 상황은 하나로 셈해진 것으로 집합과 같은 뜻으로 사용된다. 상황의 상태는 한 상황의 구조를 재현한 것이다.

29 장태순과의 사적 통화에 따르면 장태순은 유적 집합의 정치적인 예로 프랑스혁명에서 평등이란 가치를 위해 모인 사람들, 시국선언 참여자들을 언급한다.

30 장태순과의 사적 통화에 따르면 바디우에게 존재론은 수학이고 집합론으로 표현 가능한 것이다. 집합론으로 표현하기 어려운 사건과 진리에 대한 역설적 사태를 설명하는 것이 철학이고, 이것을 메타 존재론이라 부른다.

31 바디우의 현시와 재현은 라캉의 소외와 분리처럼 상징계로 깊숙이 진입하는 과정을 말한다. 소외를 통과한 자는 도착증자가 되고, 그다음 분리까지

210

통과한 자는 신경증자가 되는데, 이와 마찬가지로 현시를 통과한 자는 특
이성이 되고, 그다음 재현까지 통과한 자는 정상성이 된다. 돌출은 대상 a
나 증상과 비교할 수 있다.

32 피터 홀워드, 『알랭 바디우, 진리를 향한 주체』, 191쪽.

33 Jacques Lacan, *Le Séminaire XVII: L'envers de la psychanalyse*, pp. 9-16, 31-
38, 61-65, 105-115.

34 바디우의 '진리를 산출하는 네 가지 유적 절차(수학, 예술, 사랑, 정치)'는 라
캉의 4개 담화에서 영향을 받은 것으로 추정된다.

35 바디우, 『들뢰즈: 존재의 함성』, 184쪽. 들뢰즈의 개념들과 공백의 가장자
리와의 연관성은 들뢰즈가 1994년 초에 바디우에게 보낸 서한에서 서술한
것이라고 한다.

36 들뢰즈와 바디우를 공통적 구조에서 파악하려는 이 책의 시도는 들뢰즈와
바디우의 구체적 차이들을 간과할 위험이 있다. 두 철학자의 차이점은 바
디우가 『들뢰즈: 존재의 함성』에서 자세히 서술하고 있다. 바디우는 헤라
클레이토스나 니체 같은 흐름을 강조하는 철학자들을 비판하는 입장에 서
있으며, 자연과 역사를 엄격하게 구별하여 사고하고, 자연에서는 사건이
일어나지 않는다고 규정하고 있다. 바디우의 자연과 역사의 구분에도 불
구하고 포괄적인 관점에서 볼 때, 다음 장에서 복잡계과학과 들뢰즈와 바
디우의 철학을 연결하는 것처럼, 이 책에서는 자연, 역사, 경제, 사회, 도시
에 어떤 연관성이 있다는 측면을 강조하고자 한다.

37 에르빈 슈뢰딩거, 『생명이란 무엇인가, 정신과 물질』, 119쪽.

38 1970년에 콘웨이가 창안한 '생명life 게임'은 다음과 같은 간단한 두 가지
원칙에 의해서 작동한다. "1. 하나의 셀은 그 이웃 셀 중에서 세 개가 온on
일 경우, 온이 된다. 2. 하나의 셀은 그 이웃 셀 중에서 두 개 혹은 세 개가
온이라면 온으로 남아 있고, 그렇지 않으면 오프가 된다." 이런 간단한 원
칙들에 의해서 각 셀들(세포들)은 탄생, 생존, 죽음을 반복한다. 이렇게 간
단하게 시작된 세포들의 시뮬레이션은 규칙적인 패턴을 만들어내고, 이
규칙적인 패턴은 움직이거나, 상호작용을 하는 모습을 보여준다(글라이더,
총, 기차의 패턴들).

39 복잡계과학의 개념들(피드백, 분산구조, 자기조직화, 창발, 혼돈)과 들뢰즈 철

학의 연관성에 대한 자세한 설명은 장용순, 『공간의 생기론』을 참고하기 바란다.

40 프리초프 카프라, 『생명의 그물』, 170쪽.

41 동양 철학에서 리理와 기氣의 논쟁과 연관해서 들뢰즈 철학의 의미를 찾을 수도 있다. 들뢰즈의 발생 이론은 선험적 규칙[氣]이 없는 상태에서 개체의 질서[理]가 나타나는 과정을 설명한다. 칸트의 『판단력비판』에 등장하는 능력faculty의 발생을 들뢰즈가 정신분석, 미적분, 생물학에 접목해서 철학적으로 발전시킨 것으로 볼 수 있다.

42 이미 프로이트에게서도 무의식-전의식-의식의 단계가 상전이의 성격과 유사한데, 이것은 프로이트가 열역학의 패러다임 안에서 사고하고 있기 때문이다. 베르그손의 철학에서의 점진적 발생과 생의 약동élan vital 역시 복잡계과학과 연결된다.

43 들뢰즈 철학과 복잡계과학의 연관성은 장용순, 『공간의 생기론』을 참조하라.

44 페르 박, 『자연은 어떻게 움직이는가』, 238쪽. 산타페 연구소의 브라이언 아서는 경제학에서 우연성을 강조한다. 비디오 녹화 시장에서 VHS 방식이 베타 방식을 누른 것도, 내연기관이 증기기관을 꺾고 승리한 것도 기술적 우수성 때문이 아니라 사소한 역사적 우연이라는 것이다. 스티븐 제이 굴드는 지구의 생명 역사에서도 우연한 사건의 역할을 강조했다.

45 윤영수·채승병, 『복잡계 개론』, 185쪽.

46 라캉의 증상과 바디우의 사건의 유사성은 2부 「증상, 공황, 사건」에서 자세히 다룬다.

47 같은 책, 147쪽.

48 같은 책, 146-149쪽.

49 카오스모스는 제임스 조이스가 『피네간의 경야』에서 처음 사용한 말로, 코스모스cosmos(질서)와 카오스chaos(혼돈)의 합성어이다. 이 단어를 들뢰즈가 『차이와 반복』에서 사용했으며, 그후 『의미의 논리』, 『주름, 라이프니츠와 바로크』에서도 사용하고, 들뢰즈와 과타리가 함께 쓴 『천 개의 고원』에서도 사용한다. 과타리는 이 단어에 상호 침투osmose라는 단어를 합쳐서 chaosmose라는 단어를 만들고 같은 제목의 책을 출판했다.

50 카프라, 『생명의 그물』, 268-269쪽.

51 스튜어트 카우프만, 『혼돈의 가장자리』, 53-54쪽.

52 박, 『자연은 어떻게 움직이는가』, 224쪽. 개별 종의 변화와 돌연변이의 누적 횟수를 시간의 함수로 표현한 '단속평형' 곡선은 계단 형태로 표현된다. 계단의 대부분이 아주 작고, 몇몇은 아주 길기 때문에 이 그래프를 '악마의 계단'이라고 한다. 이 '악마의 계단'은 19세기에 칸토어가 발견했고 오랫동안 이런 복잡한 현상을 나타내는 물리적 시스템이 없다고 생각했다.

53 여기에는 들뢰즈가 젊은 시절부터 영향을 받은 질베르 시몽동의 기술 철학의 영향이 보인다.

2부 증상, 공황, 사건

1 슬라보예 지젝, 『이데올로기의 숭고한 대상』, 223쪽.

2 맹정현, 『리비돌로지』, 225쪽. 과잉이 표상 시스템을 교란시키는 것이 트라우마이다.

3 지젝, 『이데올로기의 숭고한 대상』, 135쪽.

4 같은 책, 135쪽.

5 Jacques lacan, *Le Séminaire VII: L'Ethique de la psychanalyse 1959-1960*, pp. 211-222.

6 지젝, 『이데올로기의 숭고한 대상』, 142쪽.

7 같은 책, 215쪽.

8 김상환은 $\Diamond$D를 대타자의 요구에 순응하는 모범생, 모범 시민의 기표로, S(Ⱥ)를 증상의 기표로 해석한다. $\Diamond$D를 지젝은 충동, 증환, 김상환은 모범생으로 다르게 해석할 수 있는 것은 '◇'이 '마주 본다'는 의미와 '간격을 유지한다'라는 두 가지 의미를 가지고 있기 때문이다. 이러한 해석은 라캉을 주제로 한 2019년 1학기 서울대 대학원 철학과 세미나에서 라캉의 욕망의 그래프를 설명하며 언급한 것이다(4월 27일 세미나).

9 지젝, 『이데올로기의 숭고한 대상』, 214쪽.

10 같은 책, 136-137쪽.

11 Jacques Lacan, *Le Séminaire XVI: D'un autre à l'Autre*, pp. 11-21; *Le Sémi-*

naire XVII, p. 19.

12   지젝, 『이데올로기의 숭고한 대상』, 223쪽.

13   김수행이 맑스 경제학의 crisis는 위기, crash는 공황으로 번역하는 것을 따른다.

14   지젝, 『이데올로기의 숭고한 대상』, 266쪽; 카를 마르크스, 『자본론 III』상, 307-308쪽.

15   마르크스, 『자본론 III』상, 271-280쪽.

16   김수행, 『자본주의의 위기와 공황』, 269쪽 참조.

17   같은 책, 5쪽 참조: 카를 마르크스, 『자본론 III』하, 597쪽.

18   김수행, 『자본주의의 위기와 공황』, 8-9, 315쪽. 이 외에도 쿠즈네츠는 이민과 인구증가율의 변동에 의한 15-25년의 주기를, 쥐글라는 설비의 갱신 투자에 의한 7-10년의 주기를, 키친은 재고의 과잉과 부족에 의한 40개월 안팎의 주기를 주장했다. 슘페터는 혁신을 통한 '창조적 파괴'를 자본주의의 특징으로 보고, 1825년 철도, 1886년 전기, 1935년 자동차라는 새로운 산업 부문의 탄생을 경제 주기의 원동력으로 보았다. 그는 57년의 장기 순환, 9.5년의 중기 순환, 3년의 단기 순환을 주장했다.

19   자본주의의 과잉생산과 과잉 축적이 필연적으로 해소되어야 하고, 그렇지 못할 경우 전쟁으로 이어진다는 것을 바타유는 『저주의 몫』에서 설명하고 있다. 다음 장에서 자세히 살펴볼 것이다.

20   『안티 오이디푸스』의 초반부터 등장하는 ça는 프랑스어로 '그것'이란 뜻으로, 이드를 뜻하고, 여기에서는 동시에 자본주의의 사회 기계를 뜻한다.

21   질 들뢰즈·펠릭스 과타리, 『안티 오이디푸스』, 178-179쪽.

22   김수행, 『자본주의의 위기와 공황』, 5쪽.

23   달콤한 요리에서 약간의 쓴맛이 전체적인 맛을 안정시켜주는 것과도 비교할 수 있다.

24   이것은 들뢰즈가 말하는 '준안정성metastable'이기도 하다. 〈매트릭스〉에 대해서는 2권 『환상 도시』 3부 4장에서 자세히 살펴보았다.

25   지젝, 『이데올로기의 숭고한 대상』, 137쪽. 지젝은 증상을 '너 안에 있는 너 이상의 것'이라고 설명한다.

26   조르조 아감벤, 『호모 사케르』, 167쪽.

27 계엄령의 원래 뜻은 법의 테두리를 벗어난 불법적인 것을 포함하지 않는다. 예를 들어 비상계엄의 경우 '전시·사변 또는 이에 준하는 국가비상사태'가 있어야 하며 법에 따른 절차적 정당성을 지켜야 계엄령으로서의 효력을 갖는다.

28 조르조 아감벤, 『예외 상태』, 52쪽 참조.

29 같은 책, 65쪽 참조. "오직 예외 상태를 통해서만, 즉 법률의 적용은 정지되지만 법률 자체는 효력을 갖는 영역을 창출"한다.

30 같은 책, 105쪽 참조.

31 조르주 바타유, 『파시즘의 심리 구조』, 73쪽.

32 프랑스어로 sur는 위를 뜻하고, sous는 밑을 뜻한다.

33 파시즘의 발생을 분석한 책으로 지그문트 프로이트의 『집단 심리학과 자아 분석』(1921), 칼 슈미트의 『현대 의회주의와 정신사적 상황』(1923), 발터 벤야민의 『독일 파시즘의 이론들』(1930), 빌헬름 라이히의 『파시즘의 대중 심리』(1933) 등이 있다.

34 '약분 불가능한'이라고도 번역되는 이 단어는 아도르노, 바디우도 사용한다. 공통의 질서를 가지는 사회의 논리가 적용되지 않는 경우를 말하며, 기존 질서에 속하지 않는 돌출, 사건을 가리킨다.

35 바타유, 『파시즘의 심리 구조』, 87쪽.

36 Georges Bataille, *La Souveraineté*, p. 198; 바타유, 『파시즘의 심리 구조』, 85쪽에서 재인용.

37 유토피아utopia는 존재하지 않는 곳, 절대 도달하지 못 하는 이상향, 물자체Ding an sich와 같은 곳을 뜻한다. 디스토피아distopia는 사회의 부정적인 측면이 극단화한 암울한 미래상을 뜻한다. 파라다이스paradise는 쾌락적 낙원을 뜻한다. 헤테로토피아는 이런 개념들과 구별되며, 현실 안에 있는 현실 바깥의 낯선 장소다. 헤테로토피아는 마르크 오제의 비장소나 렘 콜하스의 정크 스페이스와 유사한 개념은 아니다. 왜냐면 비장소나 정크 스페이스는 현실의 작동을 원활하게 하는 역할을 하는 장소이기 때문이다.

38 미셸 푸코, 『헤테로토피아』, 18쪽. 푸코는 묘지가 도시 중심에서 도시 외부로 밀려나가는 장면을 묘사한다. 18세기까지 묘지는 도시 중심의 교회 바로 곁에 있었다. 18세기 말부터 해골을 별개의 것으로 취급하여 묘지를 마

을 바깥이나 도시 구석에 두었다. 19세기 나폴레옹 3세 때에는 파리의 큰 묘지들이 도시 경계에 만들어졌다. 이런 과정은 헤테로토피아가 도시 바깥으로 추방되는 현상을 묘사한다.

39   같은 책, 18-21쪽.

40   같은 책, 98쪽.

41   위와 같음.

42   같은 책, 99쪽.

43   한병철,『타자의 추방』;『피로사회』참조.

44   알도 로시, 크리에 형제 같은 문맥주의자들이나 밀집의 문화를 주장한 콜하스가 등장하는 것도 도심을 재건하고 활성화할 필요성이 생긴 이런 배경에서다.

3부   실재의 귀환과 방어

1   1권『과잉 도시』3부에서도 물질대사의 관점에서 바타유에 대해서 설명했다.

2   조르주 바타유,『저주의 몫』, 38쪽.

3   같은 책, 211-220쪽.

4   유기환,『조르주 바타유: 저주의 몫, 에로티즘』, 59쪽 참조.

5   바타유는 테레사 수녀의 조각에서 그 예를 찾고 있다.

6   이와 비슷한 이유로 이탈리아 건축 비평가 만프레도 타푸리는『유토피아와 건축』에서 유토피아의 불가능을 이야기한다.

7   '매트릭스'의 설계자의 외모가 프로이트를 닮은 것으로 볼 때 워쇼스키 감독은 정신분석의 이런 측면을 알고 있었던 것으로 추정된다.

8   '끔찍한 아름다움'은 미술가 올라퍼 엘리아슨의 테이트 모던Tate Moderm Museum의 인공 태양 설치 작업에 대해서 비평가 리처드 도먼트가 한 말이다. 전영백,『코끼리의 방』, 84쪽 참조.

9   Rem Koolhaas, *S, M, L, XL*, p. 205.

10   독일어로 heim은 '고향', heimlich는 '친숙한, 고향 같은', unheiumlich는 '낯선, 고향 같지 않은'이란 의미를 갖는다. 한국어로는 '기이한 낯섦'으로,

영어로는 uncanny로 번역되는데, 독일어가 가지고 있는 느낌을 살리지 못한 번역이다.

11 이 단어를 고대 회의론자들이 판단을 중지하고 유보한다는 뜻으로 사용했다. 이후에 데카르트적인 회의에서 판단중지라는 관점으로 사용되었고, 그후 현상학의 창시자인 에드문트 후설이 현상학의 기초 방법으로 '판단중지'의 뜻으로 사용하였다. 도시를 파악하는 기존의 방법은 미/추, 선/악이라는 가치체계를 전제하고 있었다. 기능주의, 합리주의, 문맥주의의 콘텍스트, 기억, 가독성lisibility, 접근성, 보행성, 기능적인 배치, 기하학적 구성 등의 개념은 선과 악의 가치체계를 어느 정도 가지고 있었으며, 이런 관점에서는 도시의 모습을 선택적으로 볼 수밖에 없었다.

12 generic은 번역이 가장 까다로운 단어 중 하나다. gene-는 '종류', '생산'의 의미를 갖고 있다. generic은 '유적', '총칭적', '산출적'으로 번역된다. 여기에서는 특징 없는 전체를 뜻한다는 의미에서 '총칭적'을 사용했으나, 나머지 의미도 모두 포괄하고 있다. generic은 바디우의 철학에서도 진리를 설명하는 중요한 단어로 사용되는데, 유적이고, 산출적이고, 규정되지 않는 상태의 의미를 동시에 포괄하고 있다.

13 프로이트는 이를 사탕 가게에 들어간 소녀 엠마가 성추행을 당한 후(사건 a) (그것을 잊고 있다가) 성인이 되어서 다른 장소에서 성추행을 당했을 때 (사건 b), 사탕 가게 사건을 기억하고 비로소 트라우마가 되는 것으로 설명한다. 이것이 유혹설이다. 사건 a와 사건 b가 소급적으로 결합되는데, 이것이 사후성 개념이다. 하지만 사건 a는 실제로 일어나지 않았을 수도 있다. 원초적 사건 a는 소녀가 만들어낸 환상일 수도 있다는 것이 환상설이다. 1897년 프로이트는 유혹설을 포기하고 환상설을 선택한다.

14 〈신세기 에반게리온〉과 정신분석의 연관성은 여러 글에서 언급되고 있다. 박규태는 『일본정신분석』에서 일본의 집단적 사고와 함께 자세히 분석하고 있다.

15 비슷한 시대에 유행했던 〈해리 포터〉, 〈반지의 제왕〉 시리즈에는 실재나 결여의 모티브가 부족한 편이다. 실재와 결여는 일본 애니메이션에서 나타나는 중요한 주제다.

16 들뢰즈, 『철학이란 무엇인가?』, 293쪽. 들뢰즈는 로렌스를 인용하면서 이

렇게 말한다. "인간은 그들을 가려줄 작은 양산을 끊임없이 만들고 있다. 그리고 양산의 안쪽에 천상을 그리고, 그들의 관습들, 견해들을 끄적인다. 그러나 시인인 예술가는 양산에 틈을 내고 천상마저도 찢어버린다. … 그러고 나면 비전을 닮은 조각으로 양산을 수선하는 모사가들과, 견해들, 즉 의사소통으로 틈새를 너덕너덕 메우는 주석가들이 뒤따른다."

17   에머 악셀, 『무한의 신비』, 39쪽 참조.

18   Jacques Lacan, *Le Séminaire XX: Encore*, p. 107.

19   Jacques Lacan, *Le Séminaire VI: Le désire et son interprétation*, 1959년 4월 8일 세미나.

20   악셀, 『무한의 신비』, 129쪽 참조.

21   "자본주의적 생산양식에서 생겨난 자본주의적 취득 양식(즉 자본주의적 사적 소유)은 자신의 노동에 기초한 개인적인 사적 소유에 대한 제1의 부정이다. 그러나 자본주의적 생산은 자연 과정의 필연성에 따라 그 자신의 부정을 낳는다. 즉 부정의 부정인 것이다." 맑스, 『자본』 1권, M791; 강신준, 『그들의 경제, 우리들의 경제학』, 224쪽에서 재인용.

22   헤겔, 맑스, 라캉은 자기의식, 노동, 소외를 설명하기 위해서 공통적으로 주인과 노예의 변증법을 사용한다. 라캉은 알렉산드르 코제브의 강의를 통해서 헤겔을 배웠다.

23   이런 이유에서 〈신세기 에반게리온〉 TVA의 25, 26화 '오메데토 엔딩'과 극장판 〈엔드 오브 에반게리온〉은 일본 마니아들에게 충격적이었다. 자아를 깨고 실재를 맞닥뜨려서 환상을 가로지르게 한 것이다. 실제로 〈엔드 오브 에반게리온〉에서는 스크린에 영화 관람객의 장면을 보여주었는데, 이는 환상 너머에는 아무것도 없음을 말하는 것이다.

24   logos의 동사형 legein은 '말하다'는 뜻이다. 그리스시대에는 logos를 인간의 최고의 능력으로 여겼다.

25   한나 아렌트, 『인간의 조건』, 2장 참조.

26   들뢰즈·과타리, 『안티 오이디푸스』, 505쪽. 들뢰즈와 과타리는 사유재산을 탈코드화된 흐름들의 공리화를 조건 짓는 것이라고 말한다.

27   리좀은 구조적 측면에서는 수목적 구조와 대립되고, 실재와의 관계에서는 실재를 적당히 방어하면서 일부는 빠져나가게 하는 히스테리 상태나 도착

증의 상태와 비교할 수 있다.

28 들뢰즈와 과타리는 리좀이 어느 순간 수목적 구조로 바뀔 수 있고, 수목적 구조가 리좀으로 바뀔 수 있는 위험성을 지적한다. 들뢰즈·과타리,『천 개의 고원』, 45-46쪽.

29 같은 책, 9장 참조.

30 '경첩'은 들뢰즈가 순수시간을 설명할 때 자주 인용하는『햄릿』의 구절 "시간이 경첩을 벗어났다Time is out of joint"에서 따온 용어로, 들뢰즈는 경첩을 상징계의 질서와 구속이란 뜻으로 사용한다.

참고 문헌

강신준,『그들의 경제, 우리들의 경제학: 마르크스『자본』의 재구성』, 길,
　　2010.

김상환,〈들뢰즈와 철학의 귀환〉, 네이버 열린연단 강연, 2017.

김수행,『자본주의의 위기와 공황』, 서울대학교출판문화원, 2013.

도킨스, 리처드,『이기적 유전자』, 홍영남 옮김, 을유문화사, 2002.

들뢰즈, 질,『철학이란 무엇인가』, 이정임·윤정임 옮김, 현대미학사, 1995.

들뢰즈, 질·펠릭스 가타리,『안티 오이디푸스』, 김재인 옮김, 민음사,
　　2014.

들뢰즈, 질·펠릭스 가타리,『천 개의 고원』, 김재인 옮김, 새물결, 2001.

들뢰즈, 질,『차이와 반복』, 김상환 옮김, 민음사, 2004.

들뢰즈, 질,『의미의 논리』, 이정우 옮김, 한길사, 1999.

라이히, 빌헬름,『파시즘의 대중 심리』(1933), 황선길 옮김, 그린비, 2006.

라캉, 자크,『세미나 11: 정신분석의 네 가지 근본 개념』, 맹정현·이수련
　　옮김, 새물결, 2008.

마르크스, 카를, 『자본론 III』(상), 김수행 옮김, 비봉출판사, 2015.

마르크스, 카를, 『자본론 III』(하), 김수행 옮김, 비봉출판사, 2015.

맹정현, 『리비돌로지』, 문학과지성사, 2009.

모스, 마르셀, 『증여론』, 이상률 옮김, 한길사, 2002.

밀턴, 존, 『실락원』, 조신권 옮김, 문학동네, 2010.

바디우, 알랭, 『들뢰즈, 존재의 함성』, 박정태 옮김, 이학사, 2001.

바디우, 알랭, 『존재와 사건』, 조형준 옮김, 새물결, 2013.

바라바시, A. L., 『링크: 21세기를 지배하는 네트워크 과학』, 강병남, 김기
    훈 옮김, 동아시아, 2002.

바타유, 조르주, 『에로티즘』, 조한경 옮김, 민음사, 1997.

바타유, 조르주, 『저주의 몫』, 조한경 옮김, 문학동네, 2000.

바타유, 조르주, 『종교 이론: 인간과 종교, 제사, 축제, 전쟁에 대한 성찰』,
    조한경 옮김, 문예출판사, 2015.

바타유, 조르주, 『파시즘의 심리 구조』, 김우리 옮김, Th2(두번째테제),
    2022.

박, 페르, 『자연은 어떻게 움직이는가』, 이재우·정형채 옮김, 한승, 2012.

박규태, 『일본정신분석』, 이학사, 2018.

슈미트, 칼, 『현대 의회주의와 정신사적 상황』(1923), 나종석 옮김, 길,
    2012.

슈뢰딩거, 에르빈, 『생명이란 무엇인가?』, 전대호 옮김, 궁리, 2007.

아감벤, 조르조, 『호모 사케르: 주권 권력과 벌거벗은 생명』, 박진우 옮김,
    새물결, 2008.

아감벤, 조르조, 『예외 상태』, 김항 옮김, 새물결, 2009.

아렌트, 한나, 『인간의 조건』, 이진우 옮김, 한길사, 2019.

악셀, 에머, 『무한의 신비: 수학, 철학, 종교의 만남』, 신현용·승영조 옮김, 승산, 2002.

오제, 마크, 『비장소』, 이상길·이윤영 옮김, 아카넷, 2017.

웨스트, 제프리, 『스케일: 생물·도시·기업의 성장과 죽음에 관한 보편 법칙』, 이한음 옮김, 김영사, 2018.

유기환, 『조르주 바타이유: 저주의 몫, 에로티즘』, 살림, 2006.

윤영수·채승병, 『복잡계 개론』, 삼성경제연구소, 2005.

장용순, 『공간의 생기론』(《현대 건축의 철학적 모험》 시리즈 4권), ESA DE-SIGN, 2024.

장용순, 『라캉, 바디우, 들뢰즈의 세계관』, 이학사, 2023.

전경갑, 『욕망의 통제와 탈주』, 한길사, 1999.

전영백, 『코끼리의 방: 현대미술 거장들의 공간』, 두성북스, 2016.

지라르, 르네, 『폭력과 성스러움』, 김진식·박무호 옮김, 민음사, 2000.

지라르, 르네, 『희생양』, 김진식 옮김, 민음사, 2007.

지젝, 슬라보예, 『이데올로기의 숭고한 대상』, 이수련 옮김, 새물결, 2013.

카우프만, 스튜어트, 『혼돈의 가장자리』, 국형태 옮김, 사이언스북스, 2002.

카프라, 프리초프, 『생명의 그물』, 김동광 외 옮김, 범양사, 1999.

칸트, 임마뉴엘, 『판단력비판』, 백종현 옮김, 아카넷, 2009.

콜하스, 렘, 『광기의 뉴욕』, 김원갑 엮음, 세진사, 2001.

클라스트르, 피에르, 『국가에 대항하는 사회』, 이학사, 2005.

타푸리, 만프레도, 『건축과 유토피아: 디자인과 자본주의의 발전』, 김원갑 옮김, 태림문화사, 1988.

푸코, 미셸,『말과 사물』, 이규현 옮김, 민음사, 2012.

푸코, 미셸,『헤테로토피아』, 이상길 옮김, 문학과지성사, 2014.

프로이트, 지그문트,『집단 심리학과 자아 분석』(1921), 이상률 옮김, 이 책, 2015.

프로이트, 지그문트,『꿈의 해석』(1900), 김인순 옮김, 열린책들, 2004.

프로이트, 지크문트,「자아와 이드」(1923),『정신분석학의 근본개념』, 윤희기·박찬부 옮김, 열린책들, 2020.

프로이트, 지크문트,『문명 속의 불만』, 김석희 옮김, 열린책들, 2003.

한병철,『타자의 추방』, 이재영 옮김, 문학과지성사, 2017

한병철,『피로사회』, 김태환 옮김, 문학과지성사, 2012.

헤겔, 게오르크 빌헬름 프리드리히,『정신 현상학』, 김준수 옮김, 아카넷, 2022.

홀워드, 피터,『알랭 바디우, 진리를 향한 주체』, 박성훈 옮김, 길, 2016.

휴즈, 조,『들뢰즈와 재현의 발생』, 박인성 옮김, 도서출판 비, 2021.

Badiou, Alain, *L'être et l'événement*, Seuil, 1988.

Deleuze, Gilles, *Différence et Répétition*, PUF, 1968.

Koolhaas, Rem, *S, M, L, XL*, Monacelli Press, 1998.

Lacan, Jacques, *Écrits*, Seuil, 1966.

Lacan, Jacques, *Le Séminaire VI: Le désire et son interprétation*, La Martinière, 2013.

Lacan, Jacques, *Le Séminaire VII: L'Ethique de la psychanalyse 1959-1960*, Seuil, 1986.

Lacan, Jacques, *Le Séminaire XI: Les quatre concepts fondamentaux de la psychanalyse*, Seuil, 1973.

Lacan, Jacques, *Le Séminaire XVI: D'un autre à l'Autre*, Seuil, 2006.

Lacan, Jacques, *Le Séminaire XVII: L'envers de la psychanalyse*, Seuil, 1991.

Lacan, Jacques, *Le Séminaire XX: Encore*, Seuil, 1975.

Lacan, Jacques, *Le Séminaire XXIII: Le Sinthome(1975-1976)*, Seuil, 2005.

Stengers, Isabelle, *In Catastrophic Times: Resisting the Coming Barbarism*, trans. Andrew Goffey, Open Humanities Press, 2015.

Valéry, Paul, "L'Idée fixe"(1931), *Œuvres II*, Gallimard, 1960.

Venturi, Robert, Steven Izenour and Denise Scott Brown, *Learning from Las Vegas*, The MIT Press, 1977.

찾아보기

1권『과잉 도시』의 차례

2권『환상 도시』의 차례

『라캉, 들뢰즈, 바디우와 함께하는 도시의 정신분석』

북펀드에 참여해주신 분들

강경태, 강동하, 강듀이, 강영란, 건디, 고건수, 고인룡, 고해종, 권경재, 권기범, 금문ㄱ, 금재현, 김건, 김경수, 김경은, 김도훈, 김목현, 김민식, 김민영, 김보아, 김사랑, 김상철, 김성하, 김성현, 김수정, 김승룡, 김애옥, 김예은, 김용하, 김윤희, 김일석, 김정현, 김진형, 김철환, 김태형, 김현대, 나재석, 나현정, 독서논술 봉성이샘, 딜레탕트학파연구회, 맹필수, 문창준, 박경득, 박경선, 박규현, 박상현, 박선경, 박선일, 박선주, 박성수, 박시연, 박영근, 박주현, 박형준, 박형준, 박혜리, 박호진, 방유경, 배현진, 백동현, 봄꽃소이, 비맞은물고기, 빅선우, 쁘띠뜨모닝, 서문식, 성순호, 소울치킨, 손영신, 손영진, 손준원, 송유정, 송유준, 시로, 신경식, 신민영, 신윤수미남님, 심우석, 양정화하늘우물, 얼음폭풍, 여상수, 우동준, 우주솔아람기수, 우지현, 유승주, 윤상아, 이강수, 이건국, 이길무, 이난샘, 이도겸, 이동훈, 이물Imwul, 이선영, 이설화, 이세희, 이송주, 이승호, 이예진, 이용희, 이우준, 이우찬, 이유찬, 이은경, 이은미, 이은채, 이의진, 이익훈, 이인현, 이장환, 이지현, 이진경, 이창민, 이초원, 이학서, 이학진, 이현배, 이화풍, 이희영, 이희준李羲俊, 일구구공도시건축, 일병 조민서, 임영신, 임호균, 자연장고 강창호, 장재혁, 장준호, 장혜수, 장희원, 전민교, 전영준, 전지영, 정구헌, 정기범, 정뭔지, 정미경, 정상훈, 정수영, 정유진, 정의삼, 정인후, 조남곤, 조우현, 조재현(하준), (주)기오헌, 주준홍, 준유, 지강일, 지연초, 천보현, 최애리, 최지원, 최진숙, 최한솔, 최현우, 최현준, 최형진, 추정은, 큰그림연구소, 폴리페서, 하미카엘, 하지연, 한규태, 한승민, 한이안, 혜정, 홍서진, 홍순민, 황건수, 황부현, 황예찬, Debana, Jinya, prismawelt, Seong, WonL, youngjuene, zrabbit 외

참여해주신 모든 분께 감사드립니다.